Gertrud Plasse

Erziehen: Handlungsrezepte für den Schulalltag in der Sekundarstufe

»Schwänzen«: Eingreifen, nicht wegsehen!

Mit CD-ROM

Cornelsen
SCRIPTOR

Die in diesem Werk angegebenen Internetadressen haben wir überprüft (Redaktionsschluss 31.10.2003). Dennoch können wir nicht ausschließen, dass unter einer solchen Adresse inzwischen ein ganz anderer Inhalt angeboten wird.

Systemvoraussetzungen für die Benutzung der beiliegenden CD-ROM
- Pentium-PC mit MS Windows 95b, 98, ME, NT 4.0, 2000 oder XP, Bildschirmauflösung 800x600 mit mind. 16 Bit und empfohlenen 24 Bit Farbtiefe
- CD-ROM-Laufwerk
- MS Word ab Version Office 97
- aktiver Internetzugang

Das Programm läuft nur mit eingelegter CD-ROM und ist mit einem Kopierschutz versehen.

Quellen: S. 70 © 1989 by Rowohlt Taschenbuch Verlag, Reinbek bei Hamburg
S. 78 © The Master Teacher, USA

 http://www.cornelsen.de

Bibliografische Information
Die Deutsche Bibliothek verzeichnet diese Publikation in der Deutschen Nationalbibliografie; detaillierte bibliografische Daten sind im Internet über http://dnb.ddb.de abrufbar.

Dieses Werk berücksichtigt die Regeln der reformierten Rechtschreibung und Zeichensetzung.

5.	4.	3.	2.	1.	Die letzten Ziffern bezeichnen
08	07	06	05	04	Zahl und Jahr der Auflage.

Redaktion: lüra – Klemt & Mues GbR, Wuppertal
Umschlagentwurf: Dagmar und Thorsten Lemme, Berlin
Illustrationen: Ulrike Selders, Köln
Satz: stallmeister publishing, Wuppertal
Druck und Bindearbeiten: Clausen & Bosse, Leck
Printed in Germany
ISBN 3-589-22041-4
Bestellnummer 220414

 Gedruckt auf chlorfrei gebleichtem Papier ohne Dioxinbelastung der Gewässer.

Inhalt

Übersicht über die Anregungen, Übungen und Materialien

Vorwort der Herausgeber

Die Klagen über problematisches Verhalten von Schülerinnen und Schülern häufen sich. Viele Lehrerinnen und Lehrer fühlen sich überfordert und sind unsicher, wie auf Verhaltensentgleisungen zu reagieren ist. „Wir können doch nicht aufarbeiten, was in den Elternhäusern versäumt worden ist!", hört man von Lehrerseite oft. Vom Versagen der ausgebrannten und hilflosen Pädagogen berichten die Medien, aber auch von ratlosen und hilflosen Eltern. Extreme psychische Belastungen im Lehrerberuf werden konstatiert, aber auch kläglich wirkende Versuche mancherorts, den bedrängenden Herausforderungen Paroli zu bieten. Was ist zu tun?

Eine neue Reihe des Cornelsen-Verlags reagiert auf die aktuelle Situation und bietet Handlungsrezepte für typische Problemlagen des Schulalltags an: das erzieherische Engagement unterstützen, die Unterrichtsvorbereitung erleichtern. Die neue Reihe „Erziehen: Handlungsrezepte für den Schulalltag in der Sekundarstufe" besteht aus einem Grundlagenband und einzelnen Materialbänden. Im Grundlagenband skizzieren die Autoren den theoretischen Hintergrund der Themenfelder und deren Teilbereiche und verdeutlichen die Ausführungen durch Fallbeispiele. Der Band gibt außerdem Anregungen für eine vertiefende Lektüre und bietet wichtige Praxishilfen: Beispiele für die innerschulische Problembewältigung.

Grundgedanken und Leitlinien der Materialbände

- Das Konzept der Materialbände geht von der Beobachtung aus, dass Lernprozesse besser gelingen, wenn die persönlichen Beziehungen und Umgangsformen einen weitgehend störungsfreien Unterricht ermöglichen.
- Die Umsetzung wissenschaftlicher Erkenntnisse in den pädagogischen Alltag unterbleibt häufig, nicht zuletzt deshalb, weil sich die Lehrkräfte seit einigen Jahren verstärkt mit tief greifenden Veränderungen in der Schule beschäftigen müssen. Die Bände der Reihe „Erziehen" helfen explizit bei dieser Schwierigkeit weiter.
- Zur Orientierung an der Praxis gehören auch konkrete Vorschläge, als Handlungsrezepte unterbreitet: inhaltliche wie methodische Konzepte, an denen man sich orientiert, wenn man sie für vernünftig hält.
- Die hier entwickelten Vorschläge zielen in zwei Richtungen: Sie geben Hinweise, wie der Schulalltag möglichst störungsfrei gestaltet werden kann, und sie verdeutlichen an Beispielen, wie man angemessen auf Schwierigkeiten reagiert, die bei allem Bemühen auftreten können.

Vorwort der Autorin

Das Thema „Schulverweigerer" geistert durch alle Medien, von hunderttausenden Schwänzern ist bisweilen die Rede. Es sei vorweg gesagt: Zentrale Erhebungen gibt es nicht, niemand weiß wirklich, wie viele Kinder in Deutschland täglich nicht in der Schule erscheinen. Vor allem Hauptschullehrer jedoch haben in hohem Maße mit diesem Phänomen zu kämpfen. Häufiges Versäumen des Unterrichts, aus welchen Gründen auch immer es geschehen mag, gefährdet das Erreichen des Klassenziels. Deshalb müssen die betroffenen Schüler zurück in die Schule gebracht werden. Aber wie?

Wie können Lehrerinnen und Lehrer konkret vorgehen, wenn eine Schülerin oder ein Schüler ihrer Klasse auffallend häufig fehlt? Sie müssen zunächst herausfinden, warum sie oder er dem Unterricht fernbleibt. Doch wie macht man das? Welche Gründe kann es geben? In diesem Zusammenhang sind Gespräche zu führen, die sicher nicht immer einfach und ohne Konflikte verlaufen: mit Schülern und mit Eltern.

Um hartnäckigen Schulverweigerern beizukommen, benötigen Sie ein wenig Diagnostik. Sie sollten sich ein paar Tipps und Tricks für eine zielgerichtete, konflikttaugliche Gesprächsführung aneignen. Und Sie müssen die richtigen Maßnahmen kennen! In diesem Buch finden Sie praxisrelevante Rezepte und Ideen. Erfahrungsberichte von erfolgreichen Projekten geben gute Vorbilder und Beispiele, die es aufzugreifen lohnt. Materialien im Buch und auf der mitgelieferten CD-ROM helfen bei der konkreten Umsetzung im Unterrichtsalltag.

Gertrud Luise Plasse

1 Einführung: Schwänzen hat viele Gründe

Schulvermeidendes Verhalten hat kein einheitliches Muster; es sind vielmehr jeweils ganz individuelle Motive, warum Schüler und, seltener, Schülerinnen nicht zur Schule gehen. Fachleute unterscheiden zwischen Schulschwänzen, Schulangst und Trennungsangst.

Auf Seiten der Institution Schule sind es ebenfalls ganz unterschiedliche Voraussetzungen, die dazu führen, dass einzelne Schülerinnen und Schüler das Bildungsangebot der Schule nicht mehr regelmäßig nutzen: Studien haben Mängel bei der Anwesenheitskontrolle, uneinheitliches Vorgehen im Kollegium, fehlende Einbeziehung der Eltern, Nichterreichen der Schüler durch den Unterricht, Über- bzw. Unterforderung und Mobbing als Gründe herausgearbeitet.

Was Sie tun können, ist schnell zusammengefasst. Wie Ihnen das im aufreibenden Schulalltag gelingen kann, welche Strategien und Maßnahmen sich bewährt haben, erfahren Sie in diesem Buch:

- **Am nächsten Tag wieder zur Schule!** Je stärker sich das Fehlen in der Schule als Verhalten verfestigt, desto schwieriger ist dieses aufzugeben. Deswegen sollte so früh wie möglich gehandelt werden und das wichtigste Ziel ist immer, dass der Schüler, die Schülerin am nächsten Tag wieder zur Schule geht. Aber wie?

- **Konfrontieren:** Wegschauen und den Kontakt verlieren ist eins der zentralen Probleme bei der Schulvermeidung. Wenn keine Reaktion auf das Fehlen im Unterricht folgt, werden Schülerinnen und Schüler ungewollt dazu getrieben, auch weiterhin zu fehlen, da sie sich nicht „gesehen" fühlen. Ein Teufelskreis setzt ein. Wie ist er zu durchbrechen?

- **Ehrlichkeit:** Womit genau können Sie die Aufmerksamkeit des Schülers, der Schülerin wieder zurückgewinnen? Am besten mit Ihren eigenen Gefühlen: Der Ärger der Lehrkräfte, und auch der Eltern, über das Fehlen der Schüler, die Hilflosigkeit und Angst vor der Schule bei den Schülern selbst sind mögliche Beispiele. Diese Gefühle können durch Ich-Botschaften anstelle von Moralpredigten wirkungsvoll ausgedrückt werden.

Wie schafft man das?

- **Beziehungsbotschaften:** Schulvermeidung ist eine Botschaft, die Lehrkräfte und Familien entschlüsseln müssen. Worauf sollte man achten? Soll man darauf eingehen oder lieber wegschauen?

- **Behüten oder Überbehüten:** Es herrscht große Unsicherheit in Elternhäusern, aber auch in Lehrerkollegien, wie angemessen auf Schulvermeidung zu reagieren sei. Ist die Unsicherheit der Erwachsenen das größte Problem? Dürfen Lehrer Erziehungsratschläge geben? Was hilft ihnen selbst?

- **Zusammenarbeit und Zusammenhalt** sind die einzige Möglichkeit, die Schülerinnen und Schüler wieder zum Schulbesuch zu bewegen. Dies gilt für beide Elternteile ebenso wie für die Zusammenarbeit zwischen Elternhaus, Schule und möglicherweise weiteren Institutionen. Wie findet man wieder Zugang zu einem schwänzenden Schüler?

- **Perspektivenwechsel:** Sie kommen dem Problem näher, indem Sie versuchen, sich in die Lage der anderen Beteiligten zu versetzen. Kann das in verfahrenen Situationen gelingen?

Das vorliegende Buch wurde durch die Mitarbeit in einer Arbeitsgruppe zur Schulvermeidung in einer Integrierten Gesamtschule in Hannover angeregt. Dort wurde im Rahmen der Beratungskonferenz (hieran nehmen die Sozialpädagoginnen der Schule, die Sonderpädagogin, die Schulleitung und die Schulpsychologin teil) eine Art „Fahrplan" erstellt, wie Lehrkräfte auf das Fehlen von Schülern im Unterricht reagieren können. Abgestimmte Maßnahmen für schulvermeidende Schüler waren vermehrt auf Gesamtkonferenzen und auch immer wieder in Klassenkonferenzen von den Lehrkräften eingefordert worden, da sich herausgestellt hatte, dass insgesamt sehr uneinheitlich vorgegangen wurde. Viele Lehrkräfte wünschten sich ein Raster, um die eigene Vorgehensweise gemeinsam mit den ebenfalls betroffenen Kolleginnen und Kollegen abzusprechen.

Woran kann es liegen?

„Hier spricht mein Vater.
Ich kann heute nicht zur Schule kommen."
(Patrick, 7 Jahre)

Mit dem Begriff schulvermeidendes Verhalten werden nach H. G. Häring (2001) drei unterschiedliche Formen der Abwesenheit von der Schule beschrieben: Schulvermeidung aufgrund des *Schulschwänzens*, Schulvermeidung aufgrund der *Trennungsangst* (hier hat ein Schüler oder eine Schülerin speziell davor Angst, die elterliche Wohnung zu verlassen) und Schulvermeidung aufgrund *sozialer Ängstlichkeit* (hier sind es Personen oder auch Räume oder Unterrichtsfächer innerhalb der Schule, die die Angst auslösen). Drei Beispiele verdeutlichen dies:

Schulschwänzen: Der Besitzer eines Kiosks erscheint mit dem Sechstklässler David bei der Schulleiterin. Der Kaufmann erklärt, dass er den Jungen schon zum zweiten Mal beim Ladendiebstahl erwischt hat. Er sei ihm bereits mehrfach durch Herumlungern außerhalb des Schulgeländes aufgefallen. Er droht damit, die Polizei einzuschalten. Den Lehrkräften ist David bisher gar nicht aufgefallen. Erst von anderen Kindern erfährt die Schulleiterin, dass David manchmal nicht in der Schule ist. Er verlässt das Elternhaus zwar rechtzeitig, kommt aber nicht immer in der Schule an. Auch während der Pausen verschwindet er mitunter, um sich mit anderen Schülern, die ebenfalls nicht in der Schule sind, zu treffen oder durch Geschäfte und Fußgängerzonen zu bummeln. Als David mit diesen Erkenntnissen konfrontiert wird, verspricht er, ab sofort zur Schule zu kommen und sie nicht vorzeitig zu verlassen. Bereits wenige Tage später ist David nach der dritten Stunde nicht mehr in der Schule. Man findet ihn in einem Café mit anderen Kindern und Jugendlichen. Sie plaudern und rauchen.

Trennungsangst: Der fünfzehnjährige Marvin ging acht Jahre erfolgreich zur Schule. Eines Tages erleidet er während des Unterrichts einen Kreislaufzusammenbruch und muss für eine halbe Stunde im Krankenzimmer liegen. Danach wird er wegen Übelkeit nach Hause geschickt. Am nächsten Morgen ruft seine Mutter an, entschuldigt den Sohn und berichtet, Marvin sei es auf dem Schulweg schlecht geworden. Die besorgte Mutter denkt an eine Magenverstimmung. Sie ruft nach drei Tagen erneut an und erzählt, ihr Sohn habe sich wieder gesund gefühlt; als er sich die Hausaufgaben von einem Freund besorgen sollte, sei er weinend und kreidebleich zurückgekommen. Marvin sei nun in ärztlicher Behandlung. Er wird krankgeschrieben und bleibt zu Hause. Jeder seiner Versuche, das elterliche Haus allein zu verlassen, führt zu heftiger Übelkeit, Schwitzen und Erbrechen. Die Eltern stellen Marvin bei anderen Ärzten, einer Heilpraktikerin und einem Diplom-Psychologen vor. Der Schulleiter fordert den Schulbesuch des Jungen, will selbst mit dem Arzt sprechen und den Schulpsychologen hinzuziehen.

Soziale Ängstlichkeit: Die vierzehnjährige Lena verhielt sich während der gesamten ersten sieben Schuljahre zurückhaltend. Eines Tages wird sie im Religionsunterricht aufgerufen, um ihre Hausaufgabe vorzulesen. Sie zittert und ist nicht in der Lage, flüssig zu sprechen. Einige Mitschülerinnen beginnen zu lachen und verhindern damit, dass der Unterricht normal weitergeführt wird. Lena fühlt sich von ihren besten Freundinnen ausgelacht und traut sich in der Pause nicht nach draußen. Sie entschuldigt sich im Sekretariat mit der Ausrede, sie habe Kopfschmerzen. Daraufhin verlässt sie das Schulgebäude und lässt sich auch an den folgenden Tagen von ihrer Mutter krankmelden. Entschuldigungen wegen „Erkältung mit Fieber" nehmen so zu, dass die Eltern in die Schule bestellt werden.

Warum gehen Schüler nicht zur Schule?

Kommentare aus Schulhofgesprächen, Beratungskonferenzen und Elterngesprächen:

Das sagen die Schüler selbst:

- „Ich musste meine Mutter vor den Angriffen meines Vaters schützen."
- „Und was ist, wenn meine Mutter nicht mehr da ist?"
- „Nachmittags erlauben mir meine Eltern nicht, mich mit meinen Freunden zu treffen. Sie haben Angst, dass wir rauchen und schlechte Angewohnheiten bekommen. Da ich aber nicht nur für mich alleine in meinem Zimmer leben will, nutze ich den Vormittag, um beim öffentlichen Leben dabei sein zu können."
- „Ich musste gestern Abend lange in der Kneipe arbeiten."
- „Ich musste heute Nacht bis drei Uhr auf meine jüngeren Geschwister aufpassen, bis meine Eltern zurückgekommen sind."

Das sagen die Eltern:
- „Da gibt es eine Bande, die hat auch mein Kind schikaniert und eingeschüchtert."
- „Er geht einfach nicht hin. Er hat zu viele Fünfen."
- „Mein Sohn hat Fürchterliches erlebt, worüber er nicht sprechen kann."
- „Ich glaube, die Lehrerin hat ihn fertig gemacht."
- „Mein Sohn ist nachtaktiv, er kann morgens nicht aufstehen und ist abends noch lange total kreativ."
- „Mein Sohn hat ein Attest."
- „Auf diese Schule gehört er gar nicht."
- „Meine Tochter hat sich nach unserer Trennung in einer Clique eine Ersatzfamilie gesucht. Die Mitglieder der Clique treffen sich zur Schulzeit in Cafés."
- „Wenn Kinder durch die kränkenden Erfahrungen in der Schule leiden, ist es nur richtig, sie nicht mehr zur Schule zu schicken."
- „Da wir beide arbeitslos sind, wäre unser Sohn der Einzige, der morgens aufsteht."

Das sagen Lehrer und Lehrerinnen:
- „Ich habe den Eindruck, unsere Schüler sind öfter krank als andere aus den anderen Stadtteilen. Sie haben innerhalb der Familien viel zu leisten und sind häufig schon früh mit den Sorgen ihrer Eltern befasst. Ihr Gesundheitszustand ist schlecht."
- „Ich habe früher auch ab und zu Stunden abgehängt. Wir haben lieber Doppelkopf gespielt."
- „Die Eltern setzen den Kindern keine Grenzen mehr. Sie sind nicht mehr in der Lage, sich durchzusetzen."
- „Bildung hat in diesen Familien keinen Stellenwert. Den Schülern ist nicht klar, dass sie sich Lebenschancen verbauen."

2 Eingreifen oder abwarten?

Manchmal ist es wichtig, sich im turbulenten Gewirr von Aktionismus und Stress auf sich selbst zu besinnen, um einer Situation gerecht zu werden. Es lohnt sich sicher, die folgenden Fragen einmal in Ruhe zu bedenken:

- Wie würde ich mich fühlen, wenn ich der fehlende Schüler wäre?
- Was spricht mich an diesem Thema an, warum ärgert es mich so, dass Timon schwänzt?
- Habe ich selbst auch schon einmal als Schülerin die Schule vermieden oder bin ich schon einmal, ohne wirklich krank zu sein, nicht zur Arbeit gegangen?
- Welche Vorteile hat es, dass Sandra nicht mehr im Unterricht ist?

Einige einfache Verfahren helfen Ihnen, die eigene Position strukturiert und effektiv zu klären. Überlegen Sie vorab, ob Sie sich mit Ihren Fragen allein, im Kollegium oder in einer kleineren Gruppe von Fachkolleginnen und Fachkollegen beschäftigen möchten.

Die Struktur-Lege-Technik (SLT)

Sie brauchen für diese Übung kleine Karten und Filzstifte.

Zunächst notieren Sie eine übergeordnete Fragestellung, zu der Sie arbeiten möchten. Sie können diese Übung allein oder auch mit Kolleginnen/Kollegen durchführen. Im letzteren Falle müssen vorher die Rollen abgesprochen sein (suchen alle gemeinsam nach Ideen oder begleiten Sie eine Rat suchende Person aus der Gruppe?).

Klären Sie zunächst, welche Fragestellung genau Sie bearbeiten möchten: Was ist Ihr Thema?

Sie schreiben nun zu allen Gedanken, die Ihnen zur Fragestellung einfallen, Stichworte auf Kärtchen. Dabei können Sie sich gegebenenfalls gegenseitig unterstützen. Die Sammlung von Stichpunkten sollte ca. zwei bis drei Minuten dauern.

In der nächsten Phase werden die Karten sortiert, gruppiert, zueinander in Beziehung gesetzt und durch neue Karten ergänzt. Die erarbeitete Struktur kann dann aufgeklebt und mit Pfeilen und Symbolen vervollständigt werden. Die Strukturierung kann bereits helfen, dass man in einem komplexen Problem klarer sieht und neue Anregungen zur Veränderung bekommt.

Beispiel

Die Ecken-Übung

Wenn Sie in einer Lehrergruppe zum Thema Schulschwänzen arbeiten, eignet sich folgende Übung, um sich mit der Thematik vertraut zu machen:

Bitte finden Sie sich in verschiedenen Ecken des Raumes zu Gruppe A, B oder C zusammen, je nachdem, welcher der drei Sätze Sie am meisten anspricht:

- Gruppe A: „Als Schüler habe ich manchmal die Schule geschwänzt."
- Gruppe B: „Als Schüler habe ich manchmal versucht, mich krankzumelden."
- Gruppe C: „Als Schüler hatte ich manchmal Angst vor der Schule."

Sprechen Sie in der Gruppe über Ihre Erfahrungen und tauschen Sie sich aus. Wählen Sie eine Person aus, die kurz im Plenum über das Gespräch berichtet.

Bilden Sie zwei ineinander greifende Stuhlkreise (im Außenkreis sitzen alle, im Innenkreis die drei Vertreter aus den Gruppen): Eine Kollegin, ein Kollege aus jeder Gruppe berichtet, was die Gruppe besonders beschäftigt hat und welche Erkenntnisse alle aus der Gruppenarbeit mitnehmen.

Die Kopfstand-Übung

In der Kopfstand-Übung haben Sie Gelegenheit, alle zwiespältigen Gedanken aufzuschreiben: Was ist gut daran, dass Patrick fehlt? Hier wird mit Absicht in der umgekehrten Richtung gedacht. Notieren Sie bitte ganz ehrlich auch solche Gedanken, die man als pädagogisch vorgebildeter, sozial engagierter Lehrer eigentlich nicht denken darf. Auf diese Weise entdecken Sie möglicherweise noch einige wichtige Hinweise: Vielleicht tragen Sie selbst dazu bei, dass Patrick nicht mehr in Ihrer Schule erscheint?

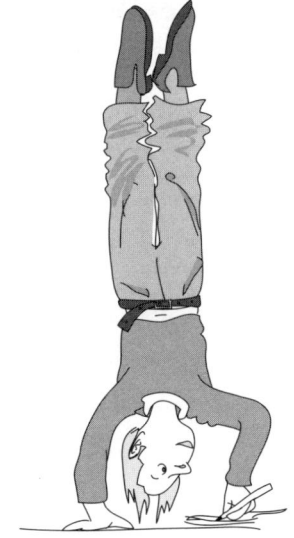

Sicher gibt es eine ganze Reihe von Gründen, warum das Thema Schulschwänzen häufig auch in der Schulöffentlichkeit gar nicht so offensiv angegangen wird. Ein Schüler, der sich nach einer schwierigen Schulzeit für das Wegbleiben entscheidet, ist häufig kein einfacher Schüler gewesen. Manche Lehrkraft ist erleichtert, wenn sie auch hin und wieder ohne ihn/sie unterrichten kann. „Ohne Patrick kann man endlich richtig arbeiten." – Wen wundert es da, dass gar nicht richtig dafür gesorgt wird, dass das unentschuldigte Fehlen überhaupt beseitigt wird? Der Unterricht mit 28 oder mehr Schülern ist eh schon anstrengend und schwierig genug. Dies ist in der Tat eine ganz wichtige Sichtweise und man sollte sie in jedem Fall berücksichtigen und ernst nehmen. Welche Probleme kommen auf uns zu, wenn Patrick wieder zur Schule kommt? Wollen wir das überhaupt? Wie behandeln wir ihn, wenn er eines Tages unerwartet erscheint?

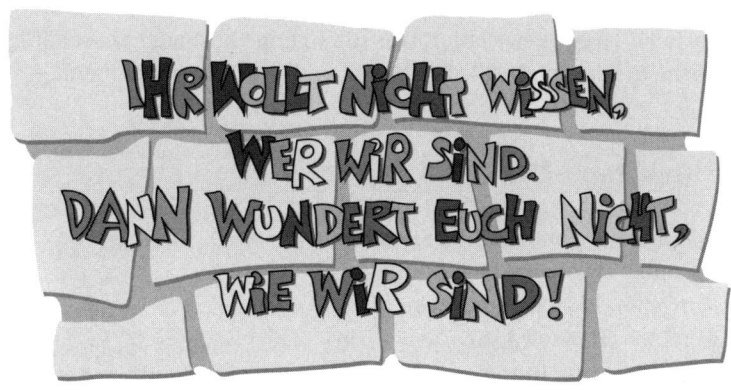

3 Schüler wieder in die Schule bringen

Bei Schülern mit gehäuften Schulversäumnissen besteht die Gefahr einer kriminellen Karriere (WILMERS/ENZMANN/SCHÄFER 2002). Es ist inzwischen nachgewiesen, dass gehäufte Schulversäumnisse ein Risiko für den Schulerfolg von Schülern darstellen (EHMANN/RADEMACKER 2003). Schüler, die ihre Identität als Schüler verlieren, tragen ein erhöhtes Risiko, ins gesellschaftliche Abseits zu geraten und nicht mehr am Ausbildungs- und Arbeitsleben teilhaben zu können (LOCHOW/PFISTER 2003).

Es ist daher eine „menschenrechtliche Pflicht" (EHMANN/RADEMACKER 2003, S. 135) der Schule, Schülern und deren Familien die Chance zu geben, die Angebote der Schule als etwas zu erkennen, das ihrer eigenen Verwirklichung dient. Die Durchsetzung der Schulpflicht ist also in erster Linie eine pädagogische Aufgabe. Zu ihrer Umsetzung sind die Zusammenarbeit von Schulverwaltung und Jugendhilfe sowie die Kooperation der Lehrkräfte mit den Eltern der Schüler unabdingbar.

Planung und Aufbau eines Projekts

Transparenz ist von Anfang an wichtig: Eine Schule, die die Anwesenheitsraten der Schüler im Unterricht erhöhen möchte, sollte dies als gesamtes Kollegium in Angriff nehmen und im Schulprogramm verankern, da ein einheitliches Vorgehen die Voraussetzung für den Erfolg aller Maßnahmen ist. Die Hintergründe für bestimmte Vorgehensweisen bei Schülerfehlzeiten im Schulprogramm zu nennen, erleichtert es den Eltern und Schülern, sich auf mögliche Konsequenzen einzustellen. Wird beispielsweise eine Mutter, deren Tochter an einem Tag zum ersten Mal in der Schule fehlt, sofort in ihrer Arbeitsstelle angerufen, so kann dies, wenn sie nicht vorher darüber informiert wurde, zu Verärgerung führen. Ist das Vorgehen jedoch abgesprochen, kann sie die Reaktion des Klassenlehrers besser verstehen. Gleichzeitig werden sich auch Lehrkräfte, die neu an die Schule kommen, von

vornherein darüber klar, ob die Haltung der Schule mit ihrer eigenen über-
einstimmt (TEMME 2002).

Die im nächsten Abschnitt vorgestellten Bausteine werden nicht alle
gleichzeitig eingeführt. Sie sollten in kleineren Einheiten von einer Arbeitsgruppe erarbeitet und dem Kollegium vorgestellt werden. In schulinternen
Lehrerfortbildungen können sie eingeübt und trainiert werden. Alles, was
sich bewährt, wird ins Schulprogramm aufgenommen.

Übersicht über die Bausteine

Baustein 1:
Diagnostik

Zur Diagnostik ist zu klären, wann eine
Lehrkraft überhaupt tätig wird, wer wofür
verantwortlich ist und zu welchem Zeitpunkt
welche Experten hinzugezogen werden müssen. Es ist wichtig, die unterschiedlichen
Formen der Schulvermeidung gegeneinan-
der abzugrenzen.

Baustein 2:
Schwierige
Gespräche führen

Einige Basisfertigkeiten, zum Beispiel
Techniken aus der Kommunikationspsychologie, können im Umgang mit schulvermeidenden Jugendlichen und deren Eltern hilfreich sein. Sie können sich mit dem zweiten
Baustein Ihr „Handwerkszeug" erarbeiten.

Baustein 3:
Dem Schwänzen
aktiv begegnen

Der dritte Baustein stellt Maßnahmen vor,
die konkret eingesetzt werden können, wenn
ein Schüler fehlt. Sie lernen hier auch, welche Maßnahmen in welcher Situation angemessen sind.

Baustein 1: Diagnostik

Der wichtigste Moment jeder Intervention ist sicher die Klärung der Frage,
ob und wann man eingreifen muss. Erst wenn dies geklärt ist, müssen geeignete Verfahren gesucht werden.

Wann muss man eingreifen?

Die Anwesenheit der Schülerinnen und Schüler sollte generell in jeder Stunde, auch im Fachunterricht, überprüft und dokumentiert werden. Dies ist an den meisten Schulen durch die Klassenbücher gewährleistet. Überprüfen Sie jedoch bitte zuerst, ob es an Ihrer Schule tatsächlich möglich ist, jederzeit und auf einen Blick zu sehen, ob ein Schüler, auch stundenweise, im Unterricht gefehlt hat. An manchen Schulen ist dies nämlich aufgrund von Kurssystemen und nicht mehr vorhandenen Klassenbüchern nicht möglich und es entstehen Lücken in der Anwesenheitskontrolle. Deren Vermeidung ist der erste Schritt, ohne den keine Verbesserung der Schüleranwesenheit eintreten kann. Dazu sind Anwesenheitsbücher mit den Namen aller Schüler notwendig.

Ein Anwesenheitsbuch führen

Zunächst ein Beispiel für ein Anwesenheitsbuch:

Tag	Montag						Dienstag ...
Fach	D	M	Sp	Sp	Bio	Phy	...
Name							
Sabrina	✔	✔	✔	✔	✔	✔	
Dennis	✔	✔			✔	✔	
Maria	✔	✔	✔	✔			
Paul	✔	✔	✔	✔	✔	✔	
Patrick		✔	✔	✔	✔	✔	
Tatjana	✔	✔	✔	✔	✔		
Lena-Zoé	✔	✔	✔	✔	✔	✔	

Jede Lehrkraft trägt zu Beginn der Stunde ihr Fach und die entsprechenden Häkchen für jeden Schüler und jede Schülerin ein. Anstelle eines Hakens kann auch das Namenskürzel vereinbart werden.

Darüber hinaus sollte auf Schulebene geklärt werden, welche Daten jeweils in einer Statistik erfasst werden. In jedem Fall sind auf Klassenebene die Fehlstunden und -tage jedes Schülers zu dokumentieren. Die Schule sollte außerdem die Fehlzeiten auch nach Klassen, Lehrkräften, Unterrichtsfächern und -räumen sowie nach Stadtteilen und nach dem Zeitpunkt am Tag auflisten, um möglichen Ursachen der Schulvermeidung auf die Spur zu kommen.

Will man präventiv längerer Abwesenheit entgegenwirken und die Anwesenheit der Schüler mittelfristig stabilisieren, muss man recht früh eingreifen: Wenn eine Schülerin, ein Schüler zum ersten Mal ohne Entschuldigung oder nachvollziehbare Erklärung fehlt, und sei es auch nur stundenweise, ist ein erstes Schülergespräch fällig.

Ganz wichtig: Nehmen Sie die Eltern mit ins Boot. Ein Anruf bei ihnen erfolgt beim ersten unentschuldigten Fehltag oder nach drei unentschuldigten Fehlstunden. Diese Lösung weicht von der gängigen Praxis in den Schulen ab und auch von der Erlasslage (offiziell ist ein Schüler erst am dritten Tag von den Eltern zu entschuldigen). Deswegen ist es erforderlich, dass die Schulen, die ihr Vorgehen in diesem Punkt ändern, die Elternschaft ausführlich über die Hintergründe dieser Neuerungen informieren (vgl. auch Pilotprojekt zum Schulschwänzen der Landesregierung Niedersachsen, Internet-Link auf CD-ROM).

Warnsignale

Es ist sinnvoll, sich klar zu machen, woran man erste Anzeichen schulvermeidenden Verhaltens im Alltag erkennen kann – Beispiele aus einer Gesamtschule:

▨ „Ferienverlängerung". Schüler fahren früher in den Urlaub oder kommen später zurück, als die Schulferien dauern.

▨ Ganze Tage oder Wochen fehlen,

▨ Stunden „abhängen",

▨ zu spät kommen, früher gehen.

Die folgenden Anzeichen signalisieren eine drohende schulvermeidende Karriere. Sie sollten bereits Anlass für erste präventive Maßnahmen sein (Gespräch mit dem Schüler, Anruf zu Hause):

▨ Schülerin kommt zu spät (ca. zehn Minuten zum Unterricht, mehrfach in einer Woche),

▨ Stunden abhängen (auch nur einmal),

▨ häufige Krankheiten,

▨ Außenseiterposition,

▨ innerliches Aussteigen (träumen, keine Hausaufgaben),

▨ gestörte Beziehungen zwischen Schülern oder auch Schülerin/Lehrkraft,

▨ Mitgliedschaft in einer Clique, in der bereits andere Schüler dem Unterricht regelmäßig fernbleiben.

Wer ist verantwortlich?

Verantwortlich für den Schulbesuch der Kinder sind und bleiben die Eltern. Auf Schulebene ist es die Klassenleitung, die möglicherweise verschiedene Strategien koordiniert und bei der alle Informationen zusammenfließen. Dies muss nicht heißen, dass die Klassenlehrerin, der Klassenlehrer alle Gespräche mit der Schülerin und deren Eltern durchführt. Gibt es eine andere Person in der Schule (Beratungslehrerin, Sozialpädagoge, Fachlehrer, Schulleiterin), die zu dem entsprechenden Schüler ein besseres Verhältnis hat, so sollte diese die Gespräche führen. Dennoch ist der Klassenlehrer „Koordinator" aller Maßnahmen.

Wer wann tätig wird, zeigt das Diagramm auf Seite 26.

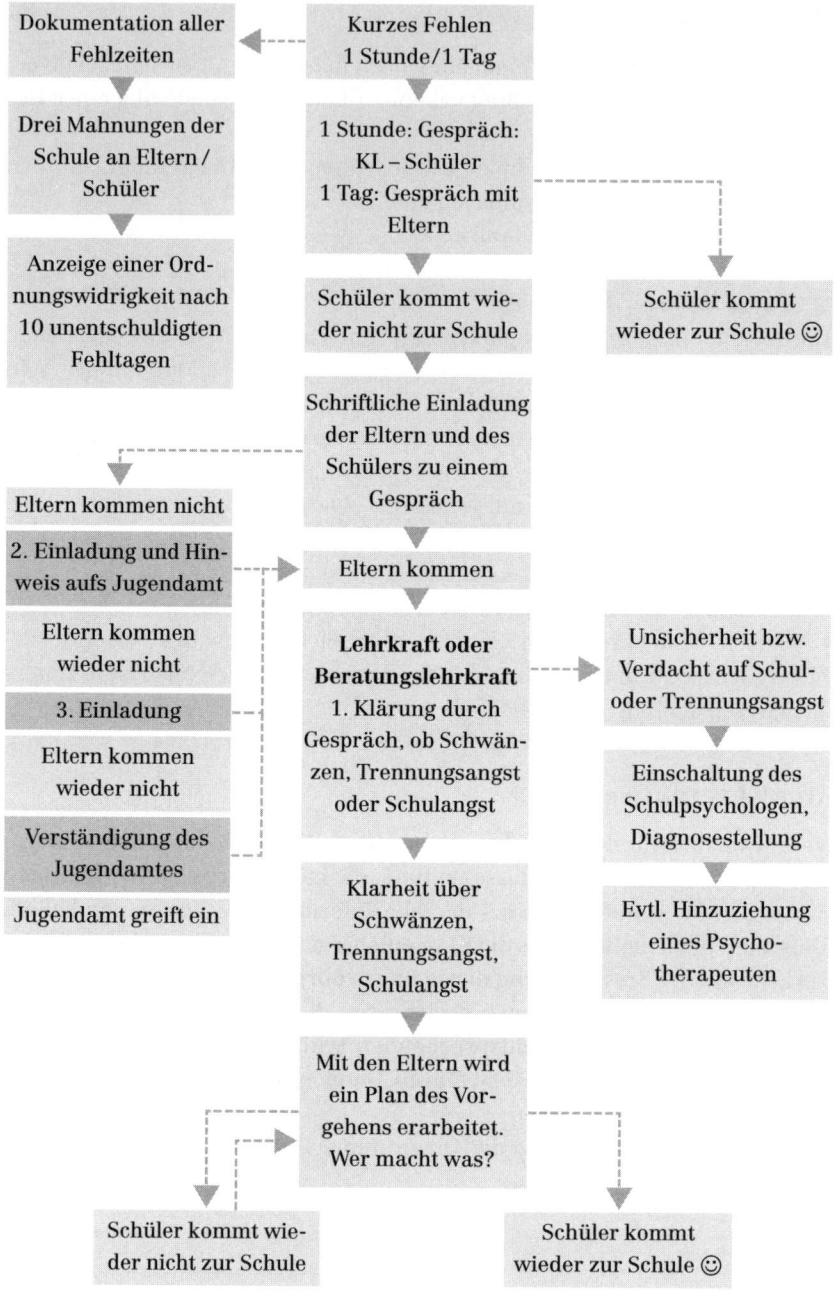

Wie können Experten helfen?

Wann im Verlauf des Prozesses Experten hinzugezogen werden sollten, ist der vorangehenden Darstellung zu entnehmen. Erscheint ein Schüler nach einem Gespräch weiterhin nicht in der Schule, so muss unbedingt geklärt werden, warum er fernbleibt. Hat ein Schüler spürbar keine Angst vor irgendetwas und könnte die Schulvermeidung durch Kontrolle durch die Eltern verhindert werden, so kann die Klassenlehrkraft, eventuell mit Unterstützung der Beratungslehrkraft oder eines Schulsozialpädagogen oder Schulpsychologen mit der Familie gemeinsam überlegen, wie sie die Kontrolle über ihr Kind zurückgewinnen kann und wie der Schüler wieder zum Schulbesuch zu bewegen ist. Gelingt dies im Gespräch nicht, kann die Konsultation von Experten (Erziehungsberatungsstelle, Erziehungsbeistände o. Ä.) empfohlen werden.

Ergibt sich aber aus dem ersten Gespräch mit dem Schüler oder den Eltern der leiseste Verdacht auf eine Angstproblematik (Angst vor bestimmten Schulfächern; Angst, die elterliche Wohnung zu verlassen) oder bleibt der Hintergrund der Schulvermeidung völlig unklar, so sollte bereits an dieser Stelle ein Experte oder eine Expertin hinzugezogen werden, um eine angemessene Diagnose stellen zu können. Als Lehrkräfte sind Sie hier überhaupt nicht in der Verantwortung. Haben Sie einen Verdacht, so empfehlen Sie sofort die Konsultation eines Experten. Es ist nicht Ihre Aufgabe, Diagnosen zu stellen oder gar therapeutisch einzugreifen. Stattdessen könnte beispielsweise ein Schulpsychologe oder eine Schulpsychologin eine derartige Abklärung vornehmen. Kommt ein Schüler tatsächlich aus manifester Angst, wovor auch immer, nicht zur Schule, dann ist eine psychotherapeutische Beratung sehr empfohlen.

Zunächst sollten Sie sich als Lehrer oder als Lehrerin ein Bild von den drei Erscheinungsformen der Schulvermeidung machen.

Schulschwänzen, Schulangst, Trennungsangst

Die hier beschriebene Systematik der verschiedenen Arten des schulvermeidenden Verhaltens orientiert sich an Plausibilität und Praktikabilität im Schulbetrieb und der Möglichkeit, Handlungsperspektiven zu eröffnen. Ein Schaubild verdeutlicht die Unterscheidung zwischen Schulschwänzen, Schulangst und Trennungsangst.

Drei Formen der Schulvermeidung

Schulvermeidung

Schulschwänzen	Schulangst	Trennungsangst
keine Angst Regelverstoß	Angst **in** der Schule	Angst **außerhalb** der Schule

Schulschwänzen

Schulvermeidung infolge von Schulschwänzen ist nach Häring (2001) immer dann gegeben, wenn Schüler die Schule ohne Angst meiden. Sie suchen während der Unterrichtszeit andere Orte auf, an denen es ihnen besser gefällt – meist gemeinsam mit Freunden. Nicht selten kommt es während des Schwänzens zu weiteren Regelverstößen wie etwa Rauchen in der Öffentlichkeit oder zu Diebstählen. Man trifft diese Schüler gehäuft beispielsweise in Einkaufszentren beim Computerspielen an. Den Eltern gelingt es nicht mehr, einen regelmäßigen Schulbesuch ihrer Kinder zu gewährleisten. Vorbilder für Schulschwänzer gibt es auch in der klassischen Kinder- und Jugendliteratur: Tom Sawyer und Pippi Langstrumpf (HAUBNER/UHLE 2003).

Manchmal schwänzen Schülerinnen oder Schüler, weil sich aufgrund restriktiver Familiensituationen (beispielsweise bei Mädchen mit Migrationshintergrund) auf diese Weise eine Nische ergibt, um Freundschaften und soziale Kontakte zu pflegen.

Schulschwänzen steht in engem Zusammenhang mit geringer elterlicher Kontrolle. Viele Kinder gehen manchmal nicht gern in die Schule. Gelegentliche Schulvermeidung kann sich, wenn sie keine negativen Konsequenzen nach sich zieht, sehr bestärkend auf Kinder oder Jugendliche auswirken. Außerhalb der Schule erleben sie anstelle von Anforderungen und möglichen Misserfolgen Schönes, sie treffen sich vielleicht mit Freunden. Gelegentliches Fehlen, das ohne Konsequenzen bleibt, verführt so schnell zum dauerhaften Schulschwänzen. Die Leistungen der Schüler verschlechtern sich mit zunehmenden Fehlzeiten immer mehr und bei Versuchen, den regelmäßigen Schulbesuch wieder aufzunehmen, sind schlechte Erfahrungen fast zwangsläufig. Gehen sie hingegen nicht mehr zur Schule, so bleiben diese negativen Erfahrungen aus. Ein weiteres wichtiges Bedingungsmoment ist die Tatsache, dass Schulschwänzen allzu oft keine unmittelbaren negativen Folgen hat. Das Schwänzen wird von den Eltern oft nicht oder zu spät bemerkt. Auch in der Schule fällt es, insbesondere nach Lehrerwechseln, oft erst dann auf, wenn sich dieses Verhalten bereits verfestigt hat.

Schulangst

Schulvermeidung infolge von Schulangst findet ihre Ursachen häufig in der Schule oder auf dem Schulweg. Die Schülerinnen und Schüler haben Angst zum Beispiel vor Leistungsanforderungen, Mitschülern oder Lehrkräften. Auch starke soziale Ängste und Selbstunsicherheit können eine Rolle spielen (vgl. LEHMKUHL/FLECHTNER/LEHMKUHL 2003). Zunehmend rücken Mobbing-Erfahrungen in der Schulklasse als Grund in den Fokus, dem Unterricht langfristig fernzubleiben – auch das ist sicher dem Bereich „Angst" zuzuordnen.

Erfahrungen in der Schule können Angst auslösen. Das Fernbleiben bewirkt hingegen Erleichterung. Wichtig ist hier – wie im Übrigen auch bei allen anderen Formen der Schulverweigerung –, dass es nicht nur die psychischen Probleme eines jungen Menschen sind, die ihn vom Unterrichtsbesuch abhalten, sondern dass die Beweggründe dafür durchaus in realen, tatsächlich gegebenen Bedrohungen liegen können. Zum Teufelskreis aus Vermeidung und Angst kommt hier ein weiterer hinzu, der die Dynamik in der Schulklasse beschreibt: Eine Schülerin oder ein Schüler erlebt sich als Opfer, verhält sich entsprechend, wehrt sich auf eher passiv-aggressive Art, wird weiter geärgert, die problematischen Verhaltensweisen verschärfen sich – eine Situation, die sich stetig zuspitzt. Fängt die oder der Betroffene dann noch an, dem Unterricht fernzubleiben, so wird hierin wiederum (bei Mitschülern wie – leider auch – bei Lehrkräften) ein Anlass gesehen, sie oder ihn weiterhin auszugrenzen, als „Drückeberger" zu bezeichnen und die Ausgrenzung nicht zuletzt durch das Fehlen zu begründen (vgl. DAMBACH 1998). Ein fataler Zusammenhang!

Fachleute raten in dieser Situation zu einem ganzheitlichen Blick, der alle Aspekte und Beteiligten mit hinzuzieht. Die systemischen, also im Gesamtgefüge begründeten Zusammenhänge sollten in jedem Fall sorgfältig erforscht und beschrieben werden, damit eine wirkungsvolle Intervention nicht nur auf der Ebene des betroffenen Schülers, sondern auch auf der Systemebene Schulklasse oder Schule bzw. Lehrerkollegium ansetzen kann. Auf die Eltern haben Lehrer wohl nur einen geringen Einfluss, dennoch müssen sie unbedingt mit ins Boot geholt werden. Denkbar ist zum Beispiel auch ein ganz schlicht anmutender Wirkungszusammenhang: Vielleicht hat ein leicht erkranktes Kind die Zuwendung der Familie als belohnend erlebt. Da könnte doch die Versuchung nahe liegen, Misserfolge kurzfristig zu vermeiden, indem man einen Schulbesuch umgeht? Auch durch solche Versuchungen kann ein Schulvermeidungsverhalten aufrechterhalten werden.

Trennungsangst

Schulvermeidung infolge von Trennungsangst, in der Literatur auch Schulphobie genannt, wird dann diagnostiziert, wenn die Angst beim Schüler ohne konkreten Bezug zur Schulsituation besteht. Die auffälligsten Diagnosekriterien sind Trennungsängste, körperliche Beschwerden ohne organischen Befund und die unrealistische Besorgnis, dass zum Beispiel den Eltern in der Abwesenheit ihres Kindes etwas zustoßen könnte. Bleibt die Schülerin, der Schüler dann bei den Eltern, so tritt ihre/seine negative Befürchtung nicht ein, was sie oder ihn wiederum darin bestärkt, auch zukünftig nicht aus dem Haus zu gehen. Zusätzlich dazu entsteht innerhalb der Familie vielleicht zusätzliche Nähe und Zuwendung durch die Zeit, die man nun gemeinsam verbringt. Es wächst für alle das Gefühl gegenseitiger Unterstützung. Nur zu Hause erlebt der Schüler, die Schülerin das Gefühl der Entspannung. Dazu kommt möglicherweise die Hilfe von außen stehenden Helfern, die sich ebenfalls um das Wohl der Familie bemühen. Der Schüler, die Schülerin hat meist selbst ängstliche Eltern, bei denen er oder sie sozial sicheres Verhalten kaum lernen kann (SCHNEIDER/FLORIN/FIEGENBAUM 1999, zit. nach HÄRING 2002).

Trennungsängste werden meist schon aus den ersten Lebensjahren des Kindes berichtet, sie gehen aber in ihrer Intensität und Dauer weit über die normale Ängstlichkeit von Kindern hinaus.

Wichtige Unterscheidungsmerkmale zwischen Schulschwänzen, Schulangst und Trennungsangst		
Schulschwänzen	**Schulangst**	**Trennungsangst**
Schüler/Schülerin hat keine Angst.	Schüler/Schülerin hat Angst vor der Schule oder vor bestimmten Situationen im schulischen Umfeld.	Schüler/Schülerin hat Angst, die elterliche Wohnung zu verlassen.

Schulschwänzen	Schulangst	Trennungsangst
Körperliche Beschwerden werden von der Schülerin/dem Schüler nicht genannt, Abwesenheit wird nur selten begründet.	Schüler/Schülerin kann Gründe für die Angst klar angeben und benennen.	Schüler/Schülerin äußert körperliche Beschwerden ohne medizinischen Befund.
Sehr geringe Lern- und Leistungsmotivation.	Lern- und Leistungsmotivation sind durch die Schulangst beeinträchtigt.	Lern- und Leistungsmotivation sind hoch.
Schüler/Schülerin ist häufig aggressiv, fällt auch durch Diebstähle oder Lügen auf.	Schüler/Schülerin verhält sich eher ängstlich und zurückhaltend.	Symbiotische Eltern-Kind-Beziehung. Die Beziehung zwischen Eltern und Kind ist evtl. bedroht (z. B. bevorstehende Trennung, Krankheit, Tod eines Elternteils).
Leistungsvermögen eher durchschnittlich oder gering.	Leistungsvermögen spielt hier keine entscheidende Rolle.	Mindestens durchschnittliches, wenn nicht überdurchschnittliches Leistungsvermögen.
Eher lose Struktur bis Vernachlässigung im Elternhaus.	Eltern sind selbst hilflos gegenüber den Ängsten ihres Kindes.	Eltern binden das Kind in ihre eigenen Ängste mit ein.
Die Eltern wissen nichts vom Fehlen ihres Sohnes/ihrer Tochter in der Schule. Häufig überprüfen sie dies auch zu wenig.	Eltern wissen von der Schulvermeidung, kennen aber die Gründe nicht genau.	Eltern wissen von der Schulvermeidung, bedingen sie auch selbst mit, fördern das Krankheitsbild.

Wer schwänzt überhaupt?

Schulvermeidung infolge des Schulschwänzens tritt bei drei Prozent aller Kinder im Laufe ihrer Schulzeit auf, hauptsächlich bei Jungen vom zehnten Lebensjahr an. Sie stammen in aller Regel aus Familien, in denen die Eltern nur wenig Einfluss auf die Kinder haben und/oder ausüben. Schulschwänzen gilt im Wesentlichen als Problem der Hauptschule; es nimmt dort in jeder Jahrgangsstufe zu.

Schulvermeidung infolge von Trennungsangst ist bei zwei Prozent aller Kinder festzustellen und dieses Phänomen wird tendenziell eher in der Mittelschicht beobachtet.

Schulvermeidung infolge sozialer Ängstlichkeit tritt bei fünf Prozent aller Jungen und Mädchen zumindest einmal während der Vor- und Grundschulzeit auf. Kinder aller sozialen Schichten sind etwa gleich stark betroffen (vgl. HÄRING 2001).

Prognose

Günstige Faktoren für die erwünschte Verhaltensänderung sind das Alter des Schülers, der Schülerin (je jünger, desto besser), die Dauer der Fehlzeit (je schneller eingegriffen wird, desto besser) sowie das Ausmaß der elterlichen Unterstützung. Jüngeren Kindern (bis zur fünften, sechsten Klasse) ist bei schnellem Eingreifen und Kooperation der Eltern aus schulpsychologischer Erfahrung fast immer zu helfen (vgl. HÄRING 1999).

Bei Schülerinnen und Schülern ab dem dreizehnten Lebensjahr, die schon über ein Jahr lang die Schule vermeiden, erweisen sich die hier beschriebenen schulpsychologischen Vorgehensweisen als weniger wirksam; meist sind Behandlungserfolge nur nach einem Schul- oder Ortswechsel zu erreichen. Ein Risikofaktor ist hier die Existenz unterschiedlicher Auffassungen von Lehrkräften, Eltern und Therapeuten zur Form und zum Gewicht der Schulvermeidung.

Den Dingen auf den Grund gehen

Der erste Schritt sollte grundsätzlich ein persönliches Gespräch mit dem Schüler, der Schülerin und deren Eltern sein. Die Fragen auf Material 1 könnten als Leitfaden für ein erstes Gespräch mit den Eltern dienen. Dem Schüler oder der Schülerin werden die gleichen Fragen gestellt (Material 2). Zusätzlich dazu sind noch einige weitere Fragen wichtig.

Material 1

Erstes Gespräch mit den Eltern

Diese Materialien finden Sie auch auf der CD-ROM.
Die Fragen sind als Anregung für das Gespräch mit den Eltern gedacht, nicht als Leitfaden für eine Art „Verhör". Sie können das Material auch gut nutzen, um ein Gesprächsprotokoll anzufertigen.

- Steht Ihr Sohn/Ihre Tochter morgens pünktlich auf?

- Wie und wann verlässt er/sie das Elternhaus?

- Was macht er/sie, wenn er/sie nicht zur Schule geht?

- Welche Freunde hat er/sie?

- Sind Diebstähle bekannt?

- Fühlen Sie sich selbst in der Lage, für den Schulbesuch zu sorgen?

- Welche Schulleistungen zeigte Ihr Sohn/Ihre Tochter vor der Schulvermeidung?

- Leidet er/sie unter ungeklärten Krankheiten?

- Schreiben Sie bereitwillig Entschuldigungen?

- Welche Befürchtungen hat Ihr Sohn/Ihre Tochter in der letzten Zeit geäußert?

- Kann/darf Ihr Sohn/Ihre Tochter die elterliche Wohnung allein verlassen?

Material 2

Erstes Gespräch mit dem Schüler, der Schülerin

Diese Materialien finden Sie ebenfalls auf der CD-ROM.
Auch hier dienen die Fragen als Leitfaden, ohne Anspruch auf
Vollständigkeit oder aber Befragung in allen Einzelheiten.

- Stehst du morgens pünktlich auf?
- Wie und wann verlässt du das Elternhaus?
- Was machst du, wenn du nicht zur Schule gehst?
- Mit wem bist du befreundet?
- Hat jemand in deinem Freundeskreis schon einmal etwas geklaut?
- Sagen deine Eltern dir, dass du zur Schule gehen musst?
- Wie schätzt du deine Leistungen in der Schule ein?
- Fühlst du dich manchmal unwohl? Warum?
- Schreiben deine Eltern dir immer eine Entschuldigung?
- Gibt es etwas, worum du dir Sorgen machst?
- Darfst du allein etwas unternehmen?
- Warum kommst du nicht mehr zur Schule?
- Wie findest du deine Lehrer?
- Wen magst du, wen nicht so sehr?
- Wie kommst du mit deinen Mitschülern zurecht?
- Gibt es in der Schule oder zu Hause etwas, was dich beunruhigt oder dir Angst macht?
- Wie kommst du mit Klassenarbeiten oder mündlichen Überprüfungen klar?
- Gibt es noch etwas Wichtiges, das ich wissen sollte?

Dokumentation der Fehlzeiten

Zusätzlich zu den Informationen, die Sie im Gespräch erhalten, sollten Sie von dem Moment an, wo ein Schüler mit Fehlzeiten auffällig wird, eine kontinuierliche Dokumentation seiner Anwesenheiten im Unterricht durchführen. Dazu ist es notwendig, dass Sie mit allen in der Klasse unterrichtenden Lehrkräften gemeinsam beschließen, dass die Anwesenheit dieses Schülers gesondert, also zusätzlich zum Klassenbuch, überprüft wird. Diese Dokumentation kann vielleicht auch Aufschluss über die Hintergründe und Ursachen des schulvermeidenden Verhaltens geben. Die Dokumentation soll Ihnen helfen, folgende Fragen zu beantworten:

- Wie oft fehlt die Schülerin, der Schüler?
- Wann fehlt er oder sie?
- Wird sein oder ihr Fernbleiben sofort bemerkt?
- Verlässt er oder sie die Schule vorzeitig?

Liegen erste Vermutungen vor, sollten die Überlegungen weitergehen:

- Welche Maßnahmen wurden bisher mit welchem Erfolg bei Fernbleiben ergriffen?
- Wie ist die Schulleistung des Schülers, der Schülerin, zeigt er oder sie besondere Defizite oder Stärken, die in Verbindung zu den Fehlzeiten zu bringen sind?

Das angebotene Formular zur Dokumentation von Schulversäumnissen kann bei der Ermittlung des Sachverhaltes helfen. In Rot werden jede Woche die Fehlzeiten eingetragen (schraffiert), sodass sichtbar ist, ob der Schüler oder die Schülerin ganze Tage – und falls ja, an welchen Tagen – gefehlt hat, vorzugsweise in welchen Stunden etc. Dieser Plan wird jede Woche erneut ausgefüllt. Tragen Sie unbedingt die Fächer in die einzelnen Stunden ein, vielleicht stellen Sie fest, dass nur bestimmte Unterrichtsfächer „vermieden" werden.

Stellen Sie nun nach Auswertung aller zusammengetragenen Informationen Hypothesen auf: Welchen Vorteil könnte es für den Schüler, die Schülerin haben, im Unterricht zu fehlen?

Können Sie eine solche Arbeitshypothese zu diesem Zeitpunkt noch nicht formulieren, können weitere diagnostische Schritte wie etwa eine Verhaltensbeobachtung im Klassenraum oder auf dem Schulhof bzw. Schulweg, psychologische Testuntersuchungen oder Ähnliches durchgeführt werden. Klassenlehrer haben lediglich die Aufgabe vorzusondieren, ob eine Form der beiden Angstproblematiken vorliegen könnte. Es ist nicht ihre Aufgabe,

Material 3

Dokumentation von Schulversäumnissen

Name des Schülers / der Schülerin: _____

Kalenderwoche: _____ bis _____

Stunde / Fach						Σ der Fehlzeiten in der Woche
1	Mo	Di	Mi	Do	Fr	
2						
3						
4						
5						
6						
7						
8						
9						
Wurde das Fehlen bemerkt? Von wem?						
Liegt eine Entschuldigung vor?						
Welche Maß-nahmen wurden ergriffen?						
Mit welchem Erfolg?						

diese genauer zu bestimmen. Die Vorsondierung kann durch Gespräche mit den Jugendlichen und deren Eltern, genaue Dokumentation der Fehlzeiten und abschließende Hypothesenbildung unter Berücksichtigung der Tabelle auf Seite 28 erfolgen.

Baustein 2: Schwierige Gespräche führen

In allen drei vorangehend beschriebenen Fällen der Schulvermeidung ist es sinnvoll, geeignete Gesprächstechniken anzuwenden, um den Kontakt zur Schülerin, zum Schüler oder deren Eltern zu verbessern.

Aktiv zuhören

Aktives Zuhören ist eine wichtige Gesprächsführungstechnik: Wer zuhört, kann Wertschätzung deutlich machen. Der Schüler, die Schülerin fühlt sich angenommen und zeigt eine höhere Gesprächsbereitschaft.

Das aktive Zuhören zeichnet sich durch folgende Verhaltensweisen aus:

- zugewandte Körperhaltung,
- Blickkontakt,
- ausreden lassen,
- kurze Zusammenfassungen des Verstandenen,
- Verständnisfragen,
- Verzicht auf Ratschläge, Unterbrechungen, Herunterspielen oder Ähnliches,
- Verbalisierung emotionaler Inhalte (Rückmeldung der wahrgenommenen Gefühle).

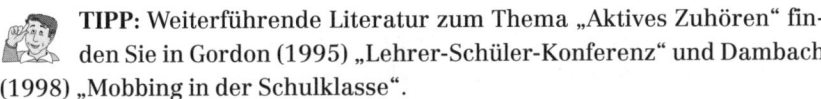 **TIPP:** Weiterführende Literatur zum Thema „Aktives Zuhören" finden Sie in Gordon (1995) „Lehrer-Schüler-Konferenz" und Dambach (1998) „Mobbing in der Schulklasse".

Zuhören können ist wichtig

Zur Veranschaulichung des aktiven Zuhörens ein kurzes Beispiel:

Schüler: „Was man hier lernt, kann man im späteren Leben sowieso nicht umsetzen."

Lehrer: „Dir kommt der Unterrichtsstoff sinnlos vor."

Schüler: „Na ja, ich meine, das, was wirklich wichtig ist, wie man einen Job findet, welche Drogen es gibt, wie man glücklich wird, darüber redet hier keiner, stattdessen nur immer dieser Nerv mit den Hausaufgaben, sinnlosen Vokabeln und so. Darauf kommt es doch gar nicht an."

Lehrer: „Dir geht im Moment ziemlich viel im Kopf herum und du machst dir auch Gedanken darüber, wie man glücklich wird."

Schüler: „Ja. Vieles erscheint mir in letzter Zeit sinnlos und ich habe oft noch nicht einmal die Kraft, aufzustehen und in diese verdammte ... 'tschuldigung, Schule zu kommen."

Pause

Schüler: „Bis vor kurzem habe ich noch gedacht, das kriege ich schon wieder hin, bin ja bisher immer ganz gut klargekommen, und dann dachte ich, wenn ich mich dann erst wieder hinsetze und richtig lerne, dann ist es wie vorher. Aber nach den letzten drei Fünfen, die ich geschrieben habe in Deutsch und Mathe und so – ich habe den Eindruck, die Lehrer beurteilen einen auch nicht mehr gerecht, da ist man dann gleich ein Schwänzer und die wollen es einem zeigen."

Lehrer: „Du meinst, du bist in der letzten Zeit nicht mehr angemessen beurteilt worden in den Arbeiten?"

Schüler: „Na ja, nee, nur mit dem Nachholen und so, das ist halt gar nicht so leicht, wie ich's mir gedacht hatte. Zum Teil weiß ich ja auch schon gar nicht mehr, wann überhaupt Arbeiten geschrieben werden. Und die Lehrer helfen einem halt auch nicht gerade. Da ist man dann schon mal da, dann heißt es gleich: ‚Ach, sieh mal einer an, wen haben wir denn da? – Ich weiß deinen Namen schon gar nicht mehr ...' – Das würde Sie ja wohl auch nicht gerade ermutigen. Beim nächsten Mal überleg ich's mir gleich, ob ich überhaupt wiederkomme. Und in der Klasse ist es auch so 'ne Sache. Da gibt es auf der einen Seite die Streber, die einen nur noch schräg angucken, selbst wenn du nur einmal im Leben überhaupt im Unterricht gefehlt hast. Und auf der anderen Seite die, die selbst immer fragen: ‚Na, Alter, wie sieht's aus, dritte Stunde in die City, Kaufhof, Spiele-Abteilung?'"

Voraussetzung für ein solches Gespräch ist ein gewisses Maß an Sympathie auf beiden Seiten, sonst kann kein Vertrauen entstehen und selbst die besten Gesprächsmethoden nützen nichts. Im Gegensatz zum aktiven Zuhören stehen Ratschläge (etwa: „Mensch, wenn du morgens nicht rauskommst, dann stell dir doch bitte das nächste Mal einen Wecker."), Besserwissen („Das kann überhaupt nicht sein, dass dich die Lehrer nicht gerecht beurteilen, aber stell dir mal vor, wie soll man einen auch einschätzen, der nie da ist?") oder das Herunterspielen („Jaja, leicht fällt das ja wohl keinem, nach einer Weile Schulschwänzen wieder anzufangen, aber so schwer kann es auch nicht sein, du hast es doch vorher auch geschafft."), wodurch in der Regel das Gespräch schnell beendet ist und der Lehrer nichts Persönliches mehr vom Schüler erfährt. Beim aktiven Zuhören hingegen wird der Schüler ermutigt, mehr von sich zu erzählen, und kann zudem auch selbst zu neuen Einsichten gelangen.

TIPP: Das aktive Zuhören können Sie bei jedem Gespräch trainieren. Beobachten Sie auch die Auswirkungen auf die Redeanteile von Ihnen und Ihren Gesprächspartnern und auf die Atmosphäre im Gespräch.

Konfrontation

Was genau ist mit „Konfrontation" gemeint? In der Umgangssprache ist Konfrontation gleichbedeutend mit Streiten, Lautwerden. Das ist hier nicht gemeint. Im psychotherapeutischen Sinne ist eine Konfrontation eine Gegenüberstellung. Es werden Sichtweisen einander gegenübergestellt, Gefühle über den anderen deutlich zum Ausdruck gebracht. Die Konfrontation steht im Gegensatz zu einem Verschweigen der eigenen Gefühle.

Ein Beispiel: Frau J., Klassenlehrerin von Tim, hat sich über ihren Schüler geärgert: Vormittags hatte sie ihn krank vermutet und nachmittags hörte sie ihn lauthals in der Straßenbahn prahlen, wie dumm die Lehrer doch seien, dass man einfach so vom Unterricht fernbleiben könnte, ohne dass es jemand merkt.

Konfrontieren bedeutet hier, Tim entweder gleich in der Straßenbahn oder am nächsten Tag anzusprechen und ihm den eigenen Ärger deutlich vorzutragen. Dies ist in der Regel zunächst für beide unangenehm, bedeutet aber gleichzeitig auch eine intensive Begegnung der beiden Personen. Frau J. zeigt, dass ihr Tim nicht gleichgültig ist. Ein Vermeiden von Konfrontation, aber letztendlich auch von verantwortungsbewusstem Kontakt ist es hingegen, wenn die Lehrerin das Ganze überhaupt nicht mehr anspricht und so tut, als wäre nichts gewesen. Der Schüler fühlt sich zwar einerseits in seinem Fehlverhalten unbehelligt, gleichzeitig fühlt er sich aber auch übersehen, da das, was er tut, gar nicht ernst genommen wird, keine Beachtung findet.

In der schulpsychologischen Beratung ist Konfrontation eine der wichtigsten Arbeitsweisen. Die Klienten fordern Konfrontationen einerseits ein, sträuben sich gleichzeitig aber auch gegen sie (vgl. die Bemerkungen zum Widerstand in Schlechte-Nachrichten-Gesprächen, S. 52 ff. und 65). Die Kunst ist es, auf Konfrontation zu bestehen, ohne dabei so massiv oder brutal vorzugehen, dass der Schüler oder die Schülerin sich verschließt. Es gilt, ein Gleichgewicht zu halten zwischen Konfrontation und Höflichkeit oder zwischen den Gefahren der entwertenden Kritik und der kritiklosen Nettigkeit andererseits, wenn man beides übertreibt.

„Frau P., nun bin ich schon fünfmal bei Ihnen gewesen, und Sie haben mir immer noch nicht gesagt, woran es denn eigentlich liegt, dass Sabrina nicht zur Schule kommt." So sollte ein Gespräch nicht laufen. Der Ratsuchende investiert Zeit und öffnet sich, er möchte auch etwas Neues über sich erfahren und Hilfe für sein Problem erhalten. Gleichzeitig kommen ganz offen formulierte „Ratschläge" meist überhaupt nicht im Bewusstsein des Ratsuchenden an. Der Gesprächspartner ist erfahrungsgemäß versucht, diese abzuschmettern, zu widerlegen oder zu entwerten: „Das wusste ich schon und es nützt mir nichts" – bzw. „Nein, so ist es nicht, weil ...".

Um überhaupt Veränderungen in Systemen, also eng aus Einzelinteressen verwobenen Gesamtzusammenhängen, zu bewirken, ist Konfrontation notwendig.

Wie aber kann dies geschehen? Oft ist es so, dass der Verstand durchaus versteht, das Verhalten sich aber dennoch nicht ändert. Wie oft „wissen" Menschen (beim Schulpsychologen Rat Suchende, bei Lehrern sind es die Eltern oder Schüler, beim Arzt die Patienten) bereits alles, können es aber trotzdem nicht umsetzen?

Ähnlich wird es Ihnen nach dem Lesen dieses Buches hoffentlich nicht ergehen. Es nur zu lesen, würde keine Veränderung bringen. Erst das Erproben einzelner Bausteine und Materialien in der Praxis kann Ihnen neue Erfahrungen im Umgang mit schulvermeidenden Schülern vermitteln und so ein Innehalten in den gewohnten Erklärungsmustern und im Kreislauf des „Keiner-kann-mir-helfen" ermöglichen.

Alles zu wissen hilft demjenigen, der Rat sucht, manchmal nicht weiter. Durch Konfrontation kann ein solches Innehalten angestoßen werden.

Verschiedene Kommunikationsverfahren sind möglich.

Den Ball zurückgeben

Unterbrechen Sie das Frage-Antwort-Spiel: „Sie haben eine Frage, aber nur Sie selbst können sie beantworten. Ich kann Sie lediglich darin unterstützen, eine Antwort zu finden." Eine Lehrerin, ein Lehrer sollte keineswegs versuchen, alle Fragen zu beantworten, denn nur die Lösungen, auf die der Schüler selbst gekommen ist, sind effektiv. Nur indem der Gesprächspartner selbst Verantwortung für die Lösung seiner Probleme übernimmt, kann sich etwas verändern. Dies gelingt, indem man sich offen und expressis verbis weigert, eine Frage zu beantworten. Zum Beispiel so: „Was schlägst du vor, welchen Rat ich dir geben soll?"

Überzeichnen, übertreiben, paradox reagieren

Dieses Verfahren kann sehr wirkungsvoll sein. Aber Vorsicht: Nur bei einer tragfähigen Beziehung der beiden Gesprächspartner kommen Übertreibungen, insbesondere ironische, in Frage. Es ist auch ganz wichtig, zwischen Lehrer-Schüler-Beziehung und Lehrer-Eltern-Beziehung zu unterscheiden. Holen Sie also auf jeden Fall die Erlaubnis Ihres Gesprächspartners ein, bevor Sie eine derartige Konfrontation wagen! Ein Beispiel: „Mir fällt da etwas ein, das Ihnen vielleicht weiterhelfen könnte, ich weiß aber nicht, ob ich so mit Ihnen sprechen darf. – Möchten Sie's hören?" – und im Anschluss sollten Sie noch einmal den Sinn dieser Aussage erklären und die Gefühle, die dadurch bei den Eltern oder Schülern ausgelöst wurden, ansprechen.

Etwas Negatives benennen

Sprechen Sie Merkmale des Schülers oder der Eltern an, die Ihnen als Lehrkraft aufgefallen sind. Annehmbarer ist es, wenn es zunächst als Ich-Aussage formuliert wird, zum Beispiel „Ich bin manchmal ganz besorgt, wenn ich dich nach dem Wochenende so übernächtigt antreffe." Den Ich-Aussagen ist weiter unten noch ein eigener Abschnitt gewidmet. Auch in einer Konfrontation sind sie die einfachste und gleichzeitig eine sehr effektive Gesprächsmethode.

Den Gewinn des Problems ansprechen

Bringen Sie die positiven Aspekte auf den Punkt, die der Schüler beim Vermeiden der Schule erzielt. Ermutigen Sie die Eltern, sich Gedanken zu machen, welchen Vorteil ihr Kind durch sein Verhalten hat. Paul würde in der Schule nicht fehlen, wenn es nicht für die Familie in der gegebenen Situation die beste Möglichkeit wäre, ein inneres Gleichgewicht zu finden. Welche Nachteile hätte es für alle, wenn er wieder zur Schule ginge? Räumen Sie der Familie auch ein, bestimmte Themen auszusparen. Dies ist ganz legitim. Es gibt vieles, was den Lehrer nichts angeht. Darüber kann die Familie ja dann in Ruhe zu Hause weiter nachdenken und sprechen.

Dranbleiben: Ablenken verhindern

Kommen die Eltern ins Reden oder lenkt die Schülerin, der Schüler vom Thema ab, so können Sie sie in dem Moment selbst darauf hinweisen und die gestellte Frage wiederholen: „Bitte beantworten Sie meine Frage."

Stolpersteine bei der Konfrontation

Wo liegen die Knackpunkte dieses Verfahrens? Zum einen ist es sicher die oft feststellbare Ambivalenz der Eltern, die es dem Lehrer schwer macht, Unliebsames ehrlich anzusprechen. Sie wollen es wissen und auch wieder nicht. Natürlich möchten Eltern mit ihren Problemen besser fertig werden. Zu erfahren, dass sie diese selbst mit verursachen, ist allerdings schmerzlich! Beim Schüler steht zum Beispiel die Angst vor der Konfrontation ganz klar im Vordergrund, er möchte zunächst einmal nicht angesprochen werden. Achten Sie darauf, dass die Konfrontation mit positiven Aspekten abwechselt, damit der Schüler oder die Eltern ihr Selbstbild trotz Kritik schonen können und in einer guten Stimmung bleiben, um konstruktiv mit dem Erfahrenen oder dem Gelernten umgehen zu können. Andernfalls kann es zum „Schließen der Fenster und Türen" kommen und die – gut gemeinten und mitunter sogar lange vorbereiteten, gut durchdachten – Ratschläge finden kein Gehör. Eine Konfrontation ist vergleichbar mit einer schlechten Nachricht, die verdaut werden muss. Dazu braucht man Zeit, denn man durchläuft mehrere Phasen (vgl. KÜBLER-ROSS 1977, S. 59 ff.).

TIPP: Das ist wichtig zu wissen: Beginnen Eltern den konfrontierenden Lehrer abzuwerten, so sollte er das Verhalten der Familie als Verarbeitung der schlechten Nachricht interpretieren und sie auch dabei unterstützen, anstatt sich seinerseits nun wieder angegriffen zu fühlen! Vor allem sollte man nun nicht dazu übergehen, gleich die nächste schlechte Nachricht zu formulieren, da die erste ja vermeintlich nicht angekommen ist, sonst schaukelt sich der Vorgang hoch, und am Ende fühlen sich beide Seiten unverstanden.

Fällt Ihnen die Konfrontation auffallend schwer, so sollten Sie sich selbst die (ebenfalls konfrontative) Frage stellen, was es ist, das Ihnen diese Gesprächsmethode so schwer macht:

- Ist es die Sorge, nicht mehr gemocht oder geschätzt zu werden, wenn Sie den Eltern und Schülern nicht nur Positives (also „Komplimente"), sondern auch Unangenehmes sagen?
- Ist es ungewohnt, in einer Gesprächssituation nicht so zu reagieren, wie es vermeintlich vom anderen erwartet wird?
  Ihr Gegenüber erwartet Zustimmung oder sogar Mitgefühl, Sie aber sagen (sinngemäß): „Nein, ich kann Sie nicht bedauern, *Sie* haben *selbst* zu Ihrem Problem beigetragen."
- Vielleicht Unsicherheit? Sie probieren etwas aus, was im Alltag nicht üblich ist und dessen Konsequenzen auch nicht vorhergesagt werden können. Ein Risiko bleibt immer.
- Befürchten Sie, kritisiert zu werden, wenn Sie nicht so mit den Eltern reden, wie diese es sich vielleicht erhoffen? „Wofür werden Sie hier eigentlich bezahlt?" oder „Das wollten wir ja nun gerade von *Ihnen* wissen!" Wollen Sie nicht inkompetent erscheinen?

▨ Oder ist es gar sehr persönlich? Wurden Sie vielleicht als Kind von Eltern oder älteren Geschwistern in die Schranken verwiesen oder sogar bestraft, wenn Sie Peinliches angesprochen haben? „Onkel Lothar isst fünf Kartoffeln!" – oder im Märchen: „Der Kaiser ist ja nackt."

▨ Hatten Sie schon immer ein ganz besonderes Gespür dafür, was die anderen gerade nicht hören wollen und was auf jeden Fall unterm Teppich zu bleiben hat? Nicht immer goutiert die Umgebung solche Klarsicht.

▨ Haben Sie vielleicht das Empfinden, im Gespräch den möglicherweise verzweifelten Eltern noch mehr Schweres aufzubürden? Beschwichtigen Sie lieber?

Wenn das Konfrontieren schwer fällt

Das könnte Ihnen die Sache erleichtern: Verdeutlichen Sie Ihre Rolle und erklären Sie, warum Sie meinen, bestimmte Dinge aussprechen zu müssen. Die Eltern oder Schüler sollten die Konfrontation oder das Feedback eher als ein Geschenk und nicht als entwertende Kritik erfahren. Dazu könnte zum Beispiel in der konkreten Situation gesagt werden: „Ich verstehe meine Rolle ja auch darin, Sie hin und wieder auf Dinge aufmerksam zu machen, die mir auffallen, auch dann, wenn ich merke, dass sie für Sie in dem Moment vielleicht gar nicht wichtig sind oder dass Sie diese Kommentare in dem Moment absolut ungeeignet finden. Darf ich ...?"

Oder: „Ich habe noch eine weitere Idee, die hilfreich sein könnte. Es bleibt Ihre Sache, ob Sie damit etwas anfangen möchten. Ich halte es für meine Aufgabe, es Ihnen zumindest mitzuteilen, da aus meiner Sicht ein Zusammenhang mit den Fragen besteht, die Sie mir gestellt haben. Sind Sie einverstanden, dass ich meine Idee einfach einmal vorstelle?"

Oder: „Darf ich Ihnen von einem Bild berichten, das ich vor Augen habe?" Die Aussage sollte deutlich und konkret formuliert sein. Danach sollten Sie nicht weiter diskutieren, sondern Schluss machen. Punkt.

Nur Mut, nicht gleich vom Gegenteil überzeugen lassen – ein Beispiel aus der Therapie: „Meine Mutter hat mit den Problemen meiner Tochter nichts zu tun!" – Therapeut: „Selbstverständlich hat sie etwas damit zu tun. Sie ist Ihr einziges Muttervorbild, und wir reden doch über Sie als Mutter Ihrer Tochter." (vgl. NAPIER und WHITAKER 1982, S. 113)

TIPP: Legen Sie sich für alle kritischen Reaktionen, mit denen Sie selbst schlecht umgehen können, eine gute Antwort bereit. Eine Frage, die mich persönlich immer sehr zu bremsen vermag, ist zum Beispiel: „Wofür werden Sie eigentlich bezahlt?" oder alle Varianten von „Können Sie das etwa nicht?". Inzwischen habe ich einen reichen Fundus an guten Antworten. Finden Sie Ihre!

Manchmal hilft bewusstes Atmen. In einem schwierigen Gespräch kann es helfen, sich für einen Moment innerlich zu distanzieren, indem man sich zum Beispiel etwas zurücksetzt, tief durchatmet und eine Pause macht.

Stimmt die Chemie? Es gibt Konstellationen, in denen konstruktive Gespräche nicht mehr möglich sind und in denen man es besser auch nicht mehr versucht (hier hilft Atmen nicht mehr).

Ich-Botschaften

Ich-Botschaften sind eine vergleichsweise einfache Methode. Sie wirken ehrlich und entwaffnend, stellen direkt und unmittelbar Kontakt her.

Manchmal ist es notwendig, Unangenehmes unmissverständlich zur Sprache zu bringen. Wie kann das so geschehen, dass es akzeptiert wird, ohne in ein Pingpong gegenseitiger Vorwürfe zu münden?

„Dass du hier im Unterricht nur antrittst, wenn du zufällig Bock drauf hast, kann ich nicht länger tolerieren!" Dieser Satz, eine massive „Du-Aussage", wird wohl den Konflikt kaum zu einem sinnvollen Ende bringen. Hingegen wirkt die Ich-Aussage: „Ich mache mir Sorgen um dich, wenn ich bemerke, dass du im Unterricht oft unentschuldigt fehlst ..." für eine Konfliktlösung hilfreicher, weil der Schüler sich nicht als Person insgesamt angegriffen fühlt, sondern lediglich Teile seines Verhaltens kritisiert werden.

Eine Ich-Botschaft besteht aus einem Gefühlsteil und einem Tatsachenteil (Emotion und Information): Die eigenen Gefühle werden in der Ich-Form zum Ausdruck gebracht. Was diese Gefühle ausgelöst hat, wird im sachlichen Informationsteil der Botschaft mitgeteilt, zum Beispiel: „Ich bin enttäuscht darüber, dass du dein Versprechen nicht eingehalten hast!" Über Gefühle kann nicht argumentiert werden, sie sind da und müssen ernst genommen werden. In der Ich-Form ausgesprochen, werden sie nicht zur verletzenden Kritik an der anderen Person, wie es oft bei „Du-Botschaften" („Du bist ein Lügner!") der Fall ist.

Ebenen einer Ich-Aussage

a) Vorfall

Wertfreie Feststellung der Tatsachen: „Du fehlst im Unterricht" – statt „Du hast keinen Bock".

b) Reaktion

Darstellung von Subjektivität der eigenen Emotionen: Lieber „Ich ärgere mich" als „Du bist rücksichtslos". Es ist sinnvoll, zusätzlich die Beziehung als Rahmen zu beschreiben: „Das finde ich schade, weil ich gerne gut mit dir zusammenleben möchte."

Material 4

Eine Ich-Botschaft formulieren

- „Ich bin _____

_____

(Nennen eines Gefühls)

- wenn ich _____

_____

(Nennen des Anlasses)

- weil _____

_____

(Begründung)

- (oder:) – und ich möchte _____

_____

_____ „
.

(Erwartung)

c) Eigene Wünsche / positiver Ausblick

Ein Ausblick auf eine denkbare Verbesserung, aber ohne Anspruch an den anderen: „Ich möchte gern mit dir vereinbaren, wie du deine Wissenslücken aufholst. Vielleicht kommst du dann wieder gern in den Unterricht." – anstelle der Aufforderung: „Halt' dich gefälligst an die Schulordnung!"

Erinnern Sie sich an den schwänzenden Tim in der Straßenbahn? Das hätte Frau J. in Ich-Botschaften formulieren können:

Vorfall: „Ich habe dich gestern in der Straßenbahn gesehen, nachdem du vormittags nicht im Unterricht gewesen bist. Du hast es großspurig deinen Freunden erzählt."

Reaktion: „Ich habe mich darüber geärgert, weil ich bisher gedacht hatte, dass du nur dann fehlst, wenn du wirklich krank bist, und hatte dir in diesem Punkt vertraut. Jetzt bin ich enttäuscht, dass ich mich da geirrt habe."

Wunsch: „Ich erwarte von dir, dass du in Zukunft eine schriftliche Entschuldigung vorlegst, auch wenn du nur einen Tag fehlst."

Nehmen Sie Material 4 (S. 47) zur Hand und formulieren Sie Ich-Botschaften zu den nachfolgenden Beispielen:

- Sie erfahren, dass jemand im Kollegium, der Ihnen wichtig ist, zu anderen Kollegen sagt, dass Sie schlecht gekleidet sind.
- Eine Freundin hat Ihr letztes Geburtstagsgeschenk schon nach einer Woche an eine gemeinsame Bekannte weiterverschenkt.
- Sie reisen in einem Eisenbahnabteil. Die Person Ihnen gegenüber macht es sich bequem und zieht die Schuhe aus. Der Geruch ist unerträglich.
- Sie fahren mit dem Rad. Der Radweg ist durch ein parkendes Auto versperrt; der Fahrer sitzt bei offenem Fenster im Wagen.
- Sie warten am Verkaufsstand und jemand drängelt sich vor.
- Sie waren verabredet und werden „versetzt".
- Jemand schreit Sie an.

 TIPP: Beherrschen Sie die Ich-Botschaften erst einmal, gelingt es Ihnen möglicherweise zunehmend besser, konfrontativ zu argumentieren.

Selbstschutz

Es ist wichtig, etwas für den eigenen Selbstwert zu tun, da dieser in schwierigen Gesprächssituationen meist stark angegriffen wird.

Dies kann geschehen, indem Sie

▦ auf eine angenehme Distanz zum Gegenüber achten;

▦ auf eine angenehme Körperhaltung achten. Beides ist während des Gesprächs veränderbar.

▦ Blickkontakt halten;

▦ sich ausführlich, zum Beispiel auch mittels Notizen, auf das Gespräch vorbereiten;

▦ innere Dialoge führen, um sich selbst zu stärken, zum Beispiel „Du lässt dich jetzt nicht von deinem Standpunkt ablenken, sondern bleibst dabei.";

▦ Gesagtes gegebenenfalls einfach wiederholen, um Zeit zu gewinnen.

Sorgen Sie für sich, wenn Sie unangenehme Gefühle bekommen. Drücken Sie das dann auch im Gespräch aus, zum Beispiel so: „Das kocht jetzt hier so hoch, Frau X., mir ist das unangenehm, lassen Sie uns fünf Minuten Pause machen."

Sorgen Sie dafür, dass Sie von Kollegen und Vorgesetzten Rückendeckung und Unterstützung haben.

Achten Sie auf Ihre Grenzen. Lassen Sie einen Kollegen mit Eltern sprechen, die Sie als schwierige Partner kennen. Es gibt für jeden Menschen Personen, mit denen eine Zusammenarbeit nicht möglich ist. Versuchen Sie es dann auch nicht unbegrenzt.

Baustein 3: Dem Schwänzen aktiv begegnen

Die nächstliegende Maßnahme gegen das Schwänzen ist, auf die Anwesenheit bzw. Rückkehr eines Schülers, einer Schülerin positiv zu reagieren. Lob bestärkt positives Verhalten.

Rollenspiel: Die Rückkehr eines Schülers gestalten

Der Tag, an dem eine Schülerin, ein Schüler, der oder die über längere Zeit in der Schule gefehlt hat, wieder in der Schule erscheint, hat entscheidenden Einfluss darauf, ob es der Neubeginn eines geordneten Arbeitsverhaltens ist oder aber ein abschreckendes Erlebnis wird, von dem an der die weitere Schulbesuch immer unwahrscheinlicher erscheint. Im Folgenden sind einige Verhaltensweisen vorgeschlagen. Die zusammengestellten Anregungen sind zum einen Vorschläge für eine Erfolg versprechende Rückführung in die Klasse. Sie können zum anderen genutzt werden, um eine solche Situation im Kreise von Kollegen systematisch im Rollenspiel zu üben und sich gegenseitig Rückmeldungen nach den vorgestellten Feedbackregeln zu geben.

Die Vorschläge und deren Anwendbarkeit können anschließend mit den Kolleginnen und Kollegen diskutiert werden:

- Den Schüler, die Schülerin gleich in dem Moment ansprechen, in dem der Junge oder das Mädchen zuerst gesehen wird. Er oder sie sollte persönlich begrüßt werden!
- Es ist wichtig, den Schüler oder die Schülerin freundlich anzuschauen und den Augenkontakt zu halten!
- Nachfragen, wo er oder sie in der letzten Zeit gewesen ist. Auf Vorwürfe verzichten.
- Aktiv zuhören.
- Anwesenheit loben.
- Rückkehr in die Klasse besprechen und für denselben Tag einen Gesprächstermin vereinbaren.
- Bei diesem Termin klären, wie der Schüler, die Schülerin den verpassten Lernstoff nacharbeiten soll.
- Klare Vereinbarungen für die ersten Tage treffen: Was ist genau zu tun? Wer macht was?
- Möglichst auch innerhalb der Klasse die Aufnahme durch die anderen Schüler positiv gestalten.
- Jeder Information nachgehen, die darauf hinweist, dass die Schülerin, der Schüler sich in der Schulklasse nicht wohl fühlt und deswegen gefehlt hat.
- Konsequent die Anwesenheit loben und durch Hilfe bei der Einarbeitung und beim Nachholen des Versäumten unterstützen.
- Regelmäßige Gespräche zur Neuorientierung vereinbaren. Unter Umständen ist auch ein Schulwechsel oder eine Klassenwiederholung zu überlegen.
- Bei häuslichen Schwierigkeiten die Einbeziehung der Eltern und im zweiten Schritt außerschulische Beratungseinrichtungen oder Psychotherapeuten vorschlagen.

Folgende Fragen helfen bei der Auswertung des Rollenspiels:
- Wie habe ich mich in der Rolle des Schülers oder der Schülerin gefühlt?
- Wie habe ich mich in der Rolle der konfrontierenden Lehrkraft gefühlt?
- Wie habe ich mich als Beobachterin gefühlt, mit wem habe ich mich am meisten identifiziert?
- Wie waren die Gefühle in der Identifikation?
- Was ist mir als Beobachterin aufgefallen und was möchte ich der Person, die als Lehrkraft beteiligt war, zurückmelden?

Feedback geben

Damit Feedback gelingen kann, sind einige Regeln zu beachten.
Allgemein gilt:
- Feedback wird zur Unterstützung eingesetzt (Positives verstärken).
- Feedback lässt den Angesprochenen die freie Wahl, ob sie die subjektive Wahrnehmung des Feedbackgebers annehmen wollen oder nicht.

Für den Feedbackgeber gilt:
- Konkretes benennen und subjektiven Eindruck darüber mitteilen.
- Den subjektiven Eindruck nicht verallgemeinern.
- Urteile über die Persönlichkeit des Feedbackempfängers vermeiden, sich stattdessen auf seine Verhaltensweisen beschränken.
- Klar in den Aussagen sein.
- Feedback zu dem Zeitpunkt geben, an dem es erwünscht, eingefordert wird, nie später.

Für den Feedbackempfänger gilt:
- Erst einmal zuhören. Gegebenenfalls nachfragen, wenn man sich nicht sicher ist, ob man etwas richtig verstanden hat oder weitere Erläuterungen wünscht.
- Unklarheiten im Dialog sofort klären.
- Eigenes Verhalten nicht rechtfertigen.
- Feedback als subjektiven Eindruck eines anderen Menschen annehmen.
- Sich bedanken.

Leitfaden für ein Elterngespräch

Die Zusammenarbeit mit den Eltern spielt eine entscheidende Rolle. Auch diese Gespräche sollten in ihrem Verlauf nicht dem Zufall überlassen werden, sondern bedürfen der intensiven Vorbereitung.

Die einladende Lehrkraft sorgt dafür, dass in einer ruhigen Atmosphäre gesprochen wird (geschlossener, vorbereiteter Raum, genug Zeit). Beide Elternteile werden mit ihrem Sohn oder ihrer Tochter zum Termin eingeladen. Sie werden bereits vor dem Gespräch informiert, worum es gehen soll.

In der Vorbereitung auf das Gespräch versetzt sich die Lehrkraft zunächst einmal in die Perspektive der Eltern und des Schülers, die zum Gespräch eingeladen sind. Mit welchen Gefühlen werden sie die Einladung wohl aufgenommen haben, welche Gespräche sind möglicherweise in der Familie inzwischen erfolgt, was erwarten die Eltern? Was erwartet der Schüler/die Schülerin?

Wichtig sind auch die eigenen Gefühle, die die Lehrerin vor dem Gespräch empfindet: Ist es Angst vor der Konfrontation, vor Vorwürfen oder eher Ärger auf die Schülerin, die Eltern? Die Lehrerin, der Lehrer sollte sich außerdem überlegen, welche Wünsche sie selbst an die Familie richten möchte und was sie ihrerseits bereit ist zu tun (Ziele des Gesprächs).

Am Anfang des Gesprächs steht die „schlechte Nachricht" (das Problem: der Schüler oder die Schülerin fehlt in der Schule). Im Anschluss daran geht es darum, die Familie bei der Bewältigung dieser Information zu begleiten. Erst wenn Konsens über das Problem besteht, kann nach Lösungen gesucht werden. Es sollten präzise Absprachen getroffen werden. Sowohl Eltern als auch Schüler und Lehrkräfte sollten sich zu etwas verpflichten. Am Ende des Gesprächs steht eine Vereinbarung, die noch einmal deutlich ausgesprochen oder schriftlich verfasst wird. Es wird ein Folgetermin vereinbart, an dem der Erfolg der Bemühungen überprüft werden soll.

Vorbereitung: Gespräch mit Eltern und Schüler/in

Das Gespräch mit Eltern und Schüler/in vorbereiten:
1. Inhaltliche Vorbereitung anhand von Material 5 (S. 53).
2. Einladung: Die Einladung erfolgt telefonisch mit einer klaren Verabredung zum Inhalt und Ziel des Gespräches. Es werden alle Teilnehmenden

genannt, die Anfangs- und voraussichtliche Schlusszeit des Gesprächs sowie der Ort.

3. Vorbereitung des Raumes: Es wird innerhalb der Schule ein Raum reserviert, in dem ungestört und vertraulich gesprochen werden kann, d.h., der Raum wird nicht gleichzeitig von anderen Lehrkräften verwendet oder gar als Durchgangszimmer benutzt. Auf frische Luft, ausreichend große Sitzmöbel ist zu achten.

4. Verbalen „Türöffner" benutzen, zum Beispiel: „Danke, dass Sie sich die Zeit genommen haben, an diesem Gespräch teilzunehmen."

5. Vorstellung der wichtigsten Fakten, zum Beispiel „Ich habe mir in der letzten Zeit große Sorgen um Ihre Tochter/Ihren Sohn gemacht, weil sie/er mehrfach unentschuldigt gefehlt hat." Führen Sie den Eltern nur einige konkrete Verhaltensweisen kurz und prägnant vor Augen, lesen Sie keine lange „Mängelliste" vor, sonst schalten diese hier bereits innerlich ab.

6. Bei den Reaktionen der Familie auf diese Information ausschließlich aktiv zuhören. Respektieren Sie die Gefühle der Eltern, die die Nachricht zunächst verarbeiten müssen und dafür Zeit benötigen. „Sie machen sich Sorgen um ihre Tochter." Oder „Sie werden ganz ärgerlich, wenn Sie das hören."
Geben Sie den Eltern Zeit, die Botschaft erst einmal zu verdauen. In diesem Moment kommen Ratschläge nicht an.

7. Gemeinsam überlegen, wie es zu dieser Situation gekommen ist und wie man dem Schüler, der Schülerin helfen kann.

8. Vereinbarung: Am Ende des Gesprächs werden konkrete Maßnahmen abgesprochen, zum Beispiel dass die Familie einen Termin in der Erziehungsberatungsstelle wahrnimmt oder dass die Lehrerin mit der Schülerin an einem Termin mit ihr gemeinsam überlegt, wie sie den versäumten Stoff nachholen kann, oder dass sich die Schülerin jeden Morgen im Sekretariat meldet. Wer macht was bis wann? Ziele können auch in Teilziele zerlegt und dann besser angegangen werden. Außerdem wird ein weiterer Termin vereinbart, an dem die Wirkung der Verabredungen überprüft wird und gegebenenfalls neue Verabredungen getroffen werden können.

9. Abschluss: Zum Schluss des Gesprächs werden die Vereinbarungen noch einmal vorgelesen und allen Anwesenden wird für die Zusammenarbeit gedankt.

Material 5

Das Gespräch mit Eltern und Schüler/in vorbereiten

- Was ist das Ziel dieses Gespräches?

  _____

  _____

  _____

- Was möchte ich den Eltern über den Schüler mitteilen?

  _____

  _____

  _____

- Was möchte ich darüber hinaus wissen?

  _____

  _____

  _____

- Was erwarte ich von den Eltern, dem Schüler?

  _____

  _____

  _____

Exkurs 1: Ein wenig Kommunikationspsychologie

Auf den Psychologen und Kommunikationswissenschaftler Schulz von Thun (1981) geht das Modell von den vier Seiten einer Nachricht zurück. Es kann im Zusammenhang mit schulvermeidendem Verhalten mehrere Einsichten eröffnen: Man kann es heranziehen, um das Schüler-Verhalten besser zu verstehen. Es eignet sich aber auch zur Klärung der eigenen Sichtweise sowie zur Gesprächsvorbereitung.

Jede Äußerung – dies kann eine schlichte Aussage über das Wetter oder eine Liebeserklärung genauso sein wie ein Augenzwinkern oder eben das Wegbleiben vom Unterricht – enthält vier Aspekte: einen neutralen Sachinhalt, einen Appell an den Empfänger, eine Information über die Beziehung zwischen Sender und Empfänger sowie eine Selbstoffenbarung. Nicht immer ist dies in allen Kommunikationssituationen bewusst und nicht immer werden alle Ebenen richtig gedeutet. Wichtig ist, dass je nach Betrachter jeweils mehrere Möglichkeiten der Interpretation infrage kommen und dass die „Wahrheit" wohl nur Sender und Empfänger gemeinsam ergründen können.

TIPP: Zur Lektüre sehr zu empfehlen: Friedemann Schulz von Thun: Miteinander reden 1–3. Alle drei Bände erschienen als rororo-Taschenbücher (Best.-Nr.: 17489, 18496 und 60545). Die in diesem Buch angerissenen Modelle der vierseitigen Nachricht und, an späterer Stelle, des Werte- und Entwicklungsquadrats werden in diesen Büchern anschaulich und nachvollziehbar entwickelt.

Schüler-Verhalten mit vier Ohren verstehen

Sabrina, eine Schülerin der neunten Klasse einer Gesamtschule, erscheint in der dritten Stunde nicht zum Mathematik-Unterricht. Frau M., ihre Lehrerin, hört „mit ihren vier Ohren" Folgendes:

Selbstkundgabe	Sache
Was ist das für eine?	Um welchen
Was geht in ihr vor?	Sachverhalt geht es?
Beziehung	**Appell**
Was hält sie von mir?	Was will sie bei
Wie steht sie zu mir?	mir erreichen?

Sache: Sabrina ist nicht in meinem Unterricht. Eine Erklärung dafür liegt nicht vor. Sabrina ist an diesem Tag im Unterricht gewesen (vorher und nachher).

Selbstkundgabe: Sabrina hat Angst vor der Mathearbeit, die heute zurückgegeben werden sollte.

Beziehung: Sie nimmt mich als Lehrerin nicht ernst und meint, bei mir müsste sie nicht erscheinen.

Appell: Ich soll wohl ein schlechtes Gewissen bekommen und sie in Zukunft besser benoten.

Frau M. entwickelt daraus ein Gespräch, sie spricht Sabrina am nächsten Morgen vor dem Unterricht in der Pausenhalle an. Die Aspekte, die sie Sabrina unbedingt mitteilen möchte, hat sie sich am vorherigen Nachmittag überlegt (Klärung der eigenen Position und Gesprächsvorbereitung, s. S. 52 ff.). Sie legt Wert darauf, Ich-Botschaften zu formulieren:

Sache: Ich habe dich gestern nicht im Mathematik-Unterricht gesehen.

Selbstkundgabe: Als ich erfuhr, dass du aber sehr wohl den ganzen Tag gesund und auch in der Schule anwesend warst, habe ich mich geärgert, dass du es dir ausgerechnet bei mir erlaubst zu fehlen. Ich habe mir auch Sorgen gemacht, weil ich vermute, dass du Angst vor der Mathearbeit hattest.

Beziehung: Ich bin deine Lehrerin und du kannst mit mir über deine Schwierigkeiten in Mathematik sprechen.

Appell: Ich erwarte von dir als meiner Schülerin, dass du regelmäßig zum Unterricht kommst und dass du mir andernfalls Bescheid sagst, was dich bedrückt.

Es ist deutlich geworden, dass das Modell hilfreich sein kann, die eigene Position zu klären, ein Gespräch vorzubereiten sowie auch dabei, in einem gemeinsamen Gespräch die tatsächlichen Beweggründe für ein Verhalten herauszufinden. Dies könnte wie folgt aussehen.

Frau M. fragt Sabrina am nächsten Morgen: „Sabrina, ich habe dich gestern nicht in meinem Unterricht gesehen und habe mich geärgert, weil ich vermute, dass du nur in meinen Unterricht nicht gekommen bist und bei den anderen Lehrern sehr wohl anwesend warst. Was hat dich gehindert, in die Mathestunde zu kommen?" Durch aktives Zuhören kann Frau M. mit Sabrina gemeinsam die Situation erhellen und es wird deutlich, welche Botschaft

Sabrina tatsächlich senden wollte und was dadurch über sie selbst deutlich geworden ist. Ohne das Gespräch bleiben auch detaillierte Analysen nach dem Modell Spekulation. Das Modell liefert lediglich Anhaltspunkte für Hypothesen und zeigt, dass eine Mitteilung oder ein Signal wie zum Beispiel das Fehlen im Unterricht noch lange keine eindeutige Information über mögliche Beweggründe des Fehlenden darstellt.

Schwierige Elterngespräche führen

Betrachten wir ein Beispiel: Ein Lehrer, Herr M., will einer Mutter, Frau S., mitteilen, dass ihr Sohn bereits seit einer Woche unentschuldigt im Unterricht fehlt.

Lehrer: „Nachdem wir über die Leistungen Ihres Sohnes gesprochen haben, möchte ich von Ihnen wissen, ob Ihr Sohn denn von der Schule erzählt?"

Frau S.: „Ach, dem gefällt es eigentlich ganz gut …"

Lehrer (unterbricht): „Ja, hat er denn gar nichts darüber erzählt, was in der letzten Woche los war?"

Frau S.: „Nein – was ist denn mit Kevin?" (unruhig)

Lehrer: „Und wie kommen Sie denn zu Hause mit ihm zurecht?"

Frau S.: …

Weder für den Lehrer noch für die Mutter ist die Situation einfach. Die schlechte Nachricht löst starke negative Gefühle aus. Schon in der Antike wurde bekanntlich einmal ein Bote, der die Botschaft von einer verlorenen Schlacht überbracht hatte, mit dem Tod bestraft. Beim Überbringer einer schlechten Nachricht entsteht oft Angst, den Gesprächspartner mit seiner Mitteilung zu verletzen oder mit ihm darüber in einen Streit zu geraten. Möglicherweise befürchtet er auch, selbst kritisiert oder angegriffen zu werden. Die emotionalen Reaktionen auf eine schlechte Nachricht erfolgen automatisch, das heißt, die darauf folgende Krise ist vorprogrammiert. Anders ist es hingegen mit den destruktiven Auswirkungen einer schlechten Nachricht. Sie kann auch so übermittelt werden, dass zwischen den Gesprächspartnern keine anhaltenden Störungen zurückbleiben.

Eine Nachricht wird dann zu einer „schlechten" Nachricht, wenn der mitzuteilende Sachverhalt in negativer Weise von einer als wichtig angesehenen Norm abweicht, die als nicht mehr tolerierbar eingestuft wird. Im Falle der Abwesenheit vom Unterricht tritt dies im Gegensatz zu anderen Schulschwierigkeiten bereits beim ersten unaufgeklärten Fehlen des Schülers ein. Die schlechte Nachricht muss überbracht werden, da, wie oben erwähnt, nur durch intensive Zusammenarbeit von Elternhaus und Schule überhaupt effektiv gehandelt werden kann. Ein Hauptproblem der chronischen Schulvermeidung liegt anerkanntermaßen darin, dass zwischen Elternhaus und Schule zu spät und zu wenig kommuniziert wird. Aus Unsicherheit, wie die Eltern reagieren, kann es zu Gesprächsstrategien kommen, die vorrangig die eigene Position absichern sollen, die sich aber ungünstig auf den Gesprächsverlauf auswirken.

Folgende Fehler können auftreten:

- **Aufschieben:** Eine Lehrerin will einer Mutter mitteilen, dass ihr Sohn in der letzten Woche gefehlt hat. Anstatt „die Katze" gleich „aus dem Sack zu lassen", stellt sie zunächst der Mutter einige Fragen, die diese nur noch mehr verunsichern.

- **Vage Andeutung:** Eine Lehrerin spricht mit den Eltern einer Schülerin der sechsten Klasse über deren Schulleistungen. Anstatt klar zu sagen, dass eine Überprüfung auf sonderpädagogischen Förderbedarf ansteht, spricht sie davon, dass die Leistungen „zu wünschen übrig lassen, aber noch nicht so schlecht sind, dass man alle Hoffnung verlieren muss". Es gebe in Teilbereichen Kinder, die schlechtere Leistungen zeigten, insgesamt wisse man nicht, ob die Tochter es „schaffen" könnte. Sie hofft nun, dass die Eltern die Sache selbst auf den Punkt bringen: „Meinen Sie etwa, dass Julia auf die Sonderschule gehört?" – „Sie wollen unsere Tochter wohl abschieben."

- **Beschönigen:** Im genannten Fall sähe ein Beschönigen der schlechten Nachricht zum Beispiel so aus: „Die Sonderschule ist eine ganz besondere Schule. Kinder werden dort noch besser gefördert als bei uns. Meistens können sie schon nach einem Jahr wieder die Regelschule besuchen. Gönnen Sie Ihrer Tochter doch diese Chance."
Hier werden die Gefühle von Betroffenheit und Angst, die bei den Eltern auftreten, nicht ernst genommen.

- **Rechtfertigung:** Um Vorwürfen von Seiten der Eltern vorzubeugen, liefert die Lehrkraft gleichzeitig mit der schlechten Nachricht Erklärungen, dass die Schule hier nichts falsch gemacht hat, und zählt gleich mehrere Situationen auf, in denen die Eltern ebenfalls nicht erreichbar waren oder Ähnliches.
Hier werden die Eltern dann sozusagen von schlechten Nachrichten „erdrückt" und reagieren entsprechend mit Ärger oder Frustration.

■ **Ausweichen:** Will die Lehrkraft der direkten Reaktion der Eltern ausweichen, so lässt sie den Eltern die Nachricht zum Beispiel mit der Post zukommen. Besonders in heiklen Fällen ist dies recht üblich, etwa bei der Überprüfung auf sonderpädagogischen Förderbedarf. Der Nachteil ist hier, dass die Lehrkraft in diesem Fall, genau wie der Schüler, der nicht erscheint, den direkten Kontakt meidet und auf diese Weise keine wirkliche Zusammenarbeit entstehen kann.

Jede schlechte Nachricht beunruhigt und kann beim Empfänger eine Krise auslösen. In der Regel wird deswegen zunächst – offen oder auch verdeckt – aggressiv gegenüber der überbringenden Person reagiert. Manchmal wird auch mit Hilflosigkeit oder Weinen reagiert. Dadurch entstehen bei der Lehrkraft Schuldgefühle, die die unangenehme Situation im Sinne der Eltern mildern sollen. Es kann auch dazu kommen, dass der Empfänger die Mitteilung zunächst nicht versteht oder nicht glaubt, um sich auf diese Art zu schützen. Weiterhin sind stereotype Reaktionen möglich wie: „Das hätte ich nie gedacht!" oder „Sagen Sie das jetzt bitte nicht!". Diese Formen des Widerstandes dienen dazu, der Psyche Zeit zu geben, sich auf die neue Situation einzustellen, und richten sich in keinem Fall gegen die Lehrkraft, die die Dinge ja nur beim Namen genannt hat. Versuchen Sie also, hierin natürliche Verhaltensweisen zu sehen, die jede Person braucht, um mit der entstandenen Krise umgehen zu können. Typische Reaktionen in Krisensituationen sind übrigens erstmals von der Therapeutin E. Kübler-Ross (1977) beschrieben worden, die mit todkranken Menschen arbeitete. Der Umgang mit lebensbedrohlichen Erkrankungen kann – mit Einschränkungen – auf andere Krisenverläufe übertragen werden.

Der Weg aus der Krise verläuft nicht gerade. Eine schlechte Nachricht kann eine bis dahin ausgewogene Stimmungslage vollkommen durcheinander bringen. Kann der Situation nicht ausgewichen werden und stehen zunächst auch keine erprobten Bewältigungsstrategien zur Verfügung, so kommt es zu einer Krise. Krisen verlaufen meist in vier Phasen der Verarbeitung, die Kübler-Ross (1977) bereits vor vielen Jahren beschrieben hat.

Krisenzyklus nach Elisabeth Kübler-Ross

Phase 1: „Das darf nicht sein!"

Zunächst reagieren wir auf die Nachricht mit Leugnung und Verdrängung, was Kübler-Ross als Nicht-wahrhaben-Wollen bezeichnet. Die Informationen, die sogar deutlich ausgesprochen werden (etwa: „Ihr

Sohn war im Unterricht mehrmals betrunken"), werden überhört, missverstanden, abgestritten oder widerlegt. Wird in diesem Moment der Versuch unternommen, den Eltern mit vernünftigen Argumenten die Wahrheit „beizubiegen", so steigert sich deren Angst nur und die Abwehrhaltung wird noch verstärkt.

Phase 2: „Sie sind schuld!"

Als Nächstes richtet sich massiver Protest des Betroffenen nach außen: Der Überbringer einer schlechten Nachricht wird möglicherweise sogar beschimpft, kritisiert, entwertet. Ärger und Wut werden laut. Diese Gefühle können sich aber auch in anderen Fällen nach innen richten und sich dann in Selbstvorwürfen, Trauer, Verzweiflung und Angst äußern. Der Lehrer, die Lehrerin sollte auf keinen Fall mit Gegenangriffen reagieren, sondern auch dies als natürliche Reaktion auf eine schlechte Nachricht auffassen, die sich nicht gegen ihn oder sie richtet.

Phase 3: „Ich weiß überhaupt nicht mehr weiter."

Es folgt Resignation. Die Auflehnung wurde als zwecklos erlebt, langsam erkennt die Betroffene die Tatsachen an. Ratlosigkeit und Sorge, die eigentlichen Reaktionen auf den Inhalt der Nachricht, werden sichtbar und die Betroffenen versuchen, damit umzugehen.

Phase 4: „Was machen wir jetzt?"

Nach diesen drei Phasen setzt die Neuorientierung ein, es kann begonnen werden, konkrete Pläne für den Umgang mit dem Problem zu machen und Absprachen zu treffen. Auch diese Aktivitäten sind für die emotionale Verarbeitung der Krise von großer Bedeutung: Die Betroffenen erfahren sich wieder als handlungsfähig und verbinden mit ihrem Handeln viel Hoffnung. Die veränderte Situation wird nach und nach neu definiert, neu bewertet und konstruktiv weiterentwickelt.

Wozu ist es gut, wenn Lehrer von schulvermeidenden Schülerinnen und Schülern die Theorie vom Krisenzyklus kennen? Die Kenntnis der psychologischen Hintergründe zunächst merkwürdig erscheinender Reaktionen von Eltern ist insofern sinnvoll, als sie den Handlungsspielraum der Lehrkraft zunächst auslotet, dann erweitert und zudem dabei hilft, Angriffe auch emotional von sich selbst abzuwenden. Bezieht die Lehrkraft beispielsweise

Angriffe nicht auf sich selbst, kann sie erstens besser schlafen und zweitens wählt sie eher eine Reaktionsform, die geeignet erscheint, die für Eltern und Kind so wichtige Zusammenarbeit zu stärken.

Bleiben die Beteiligten in den Phasen ,Leugnung', ,Auflehnung' oder ,Resignation' stecken, so bedeutet dies eine erhebliche psychische Belastung für alle. Bei Leugnung wird die schlechte Nachricht erneut und nun noch massiver vorgetragen. Der Teufelskreis nimmt seinen Lauf, indem eine Revolte zur Verschlechterung der Beziehungen führen oder in Zynismus umschlagen kann. Bei Resignation wird Kontrollverlust erlebt, also die subjektive Unfähigkeit, selbst mit der Situation umzugehen. Zur Neuorientierung kann es nur kommen, wenn Empfänger von schlechten Nachrichten den Zyklus der Krisenverarbeitung erfolgreich durchlaufen.

„Lohnen" sich angesichts dieser Konsequenzen schlechte Nachrichten überhaupt? Ja. Sie sind notwendig, damit sich überhaupt etwas ändert. Im Falle von Schulschwänzen hat man die Wahl, alles beim Alten zu lassen oder das System ins Wanken zu bringen, um vielleicht eine Verbesserung zu erreichen. Das Risiko weiterer Verschlechterung der Beziehungen ist dabei natürlich immer gegeben.

Damit das Gespräch konstruktiv verläuft, sind einige nachfolgend erklärte Kompetenzen hilfreich.

Wenn nichts geschieht – Widerstand überwinden

Es kann passieren, dass trotz genauer Klärung eines Problems und konkreter Handlungsvorschläge und Zielvereinbarungen nichts passiert. Die Eltern sehen beispielsweise nicht ein, warum ausgerechnet sie und nicht andere einen Termin in der Erziehungsberatungsstelle vereinbaren sollen. Nach einem solchen Gespräch, bei dem Maßnahmen anberaumt wurden, die anschließend einfach nicht umgesetzt wurden, ist es umso schwieriger, weiterzumachen.

Eltern identifizieren sich mit ihrem Kind. Der Rat, einen Psychologen aufzusuchen, berührt eine Familie in ihrem Selbstverständnis. Eltern fürchten, sie oder ihr Kind würden als „nicht normal" eingestuft, und das kränkt sie. Der Verweis der Eltern auf andere Kinder der Klasse ist der Versuch, sich gegen eine solche Stigmatisierung zu wehren.

Die Lehrer sind enttäuscht, dass ihre Hilfe nicht angenommen wird, und stehen dem abwehrenden Verhalten der Eltern hilflos und auch verärgert gegenüber, hatten sie sich doch so dringend Hilfe für den Schüler oder die

Schülerin erhofft. In solchen Situationen interpretieren die Pädagogen die Haltung der Erziehungsberechtigten manchmal als Verweigerung einer Zusammenarbeit: „Die Eltern sind widerspenstig" oder „schwierig".

Dieser Widerstand äußert sich in ganz unterschiedlichen Verhaltensweisen: Abwarten, Schweigen, Zurückhalten, Hilflosigkeit, Trotz, Ignorieren, Entwerten des anderen, Schuldzuweisungen. Besonders häufig ist Widerstand von Eltern dann zu erwarten, wenn der Lehrer von einer bereits abgeschlossenen Diagnose ausgeht: „Jens ist verhaltensgestört!" oder wenn er nicht beachtet, dass die Eltern – selbst wenn sie die Sicht des Lehrers teilen sollten – auch selbst emotional große Not mit den Schwierigkeiten ihres Kindes haben.

Eltern brauchen zunächst Unterstützung – oft mehr, als der Lehrer vermutet – um zu akzeptieren, dass es überhaupt Probleme und Schwierigkeiten bei ihren Kindern gibt, bevor sie sich im nächsten Schritt darum kümmern können, wie diesen zu begegnen ist. Das erste Gebot für den Lehrer ist es, anzuerkennen, dass die meisten Eltern „das Beste für ihr Kind" erreichen wollen. Da sich viele Eltern selbst mit den Leistungen ihrer Kinder identifizieren und glauben, ihr eigener „Wert" werde von den Lehrern, Freunden und Verwandten am Erfolg ihrer Kinder gemessen, kann es bei diesem heiklen Thema schnell zu Überreaktionen kommen. Die schulischen Probleme der Kinder werden dann zur eigenen, starken Belastung der Erwachsenen, da sie unmittelbar das eigene Selbstbild betreffen.

TIPP: Erkennt die Lehrkraft deutlich an, dass die Eltern das Beste für ihr Kind wollen, so wird ein guter Boden für die Zusammenarbeit bereitet. Die Eltern bauen Ängste und Leistungsdruck ab und können dann ihre Energie für die gemeinsame Arbeit an Problemlösungen einsetzen.

Der Widerstand von Eltern kann sich gegen die Art und Weise richten, mit der die vorgeschlagenen Ziele erreicht werden sollen. Beispielsweise besteht im Gespräch noch Konsens darüber, dass Sven ab sofort jeden Tag zum Unterricht erscheinen soll. Nicht einverstanden sind die Eltern hingegen damit, dass sie nun jeden Tag und überall telefonisch erreichbar sein und ihn sogar eigen-„händig" zur Schule bringen sollen. Es kann aber auch sein, dass noch nicht einmal auf der Ebene der Ziele eine Übereinkunft zu erreichen ist. Beispielsweise sind sie der Meinung, dass Sven auf eine ganz andere Schulform gehört, und sehen gar nicht ein, warum sein Schulbesuch auf dieser „völlig falschen Schule" überhaupt erzwungen werden sollte.

Außerdem gelingt es nicht allen Eltern, die Hilfen und Ratschläge der Lehrer im Alltag umzusetzen bzw. kreativ auf neue Situationen zu übertragen. Die Eltern haben nur begrenzt viel Zeit und Kraft. In jedem Familiensystem ist das mögliche Veränderungstempo unterschiedlich. Dieses individuelle Tempo jeder Familie muss berücksichtigt werden. Es gibt rigide Beziehungsstrukturen, in denen Veränderung kaum wahrnehmbar erscheint. In flexibleren, für neues Verhalten offenen Familien kann sie dagegen sehr markant sein. Widerstand ist gleichzeitig auch als Indikator für das Ausmaß an Vertrauen zwischen Familie und Lehrkraft zu betrachten. Ist die Beziehung gestört oder belastet, so kann es auch daran liegen, dass Ratschläge nicht umgesetzt werden.

Vor einem Gespräch mit den Eltern sollte sich die Lehrkraft darüber klar werden, ob sie die Eltern lediglich durch ein Gespräch informieren möchte, damit die Eltern von sich aus initiativ werden, oder ob sie selbst konkrete Vorschläge anzubieten hat, was die Eltern tun könnten. Beides kann richtig sein. Entscheidend ist hierfür zum einen die Beziehung, die zwischen den Eltern und der Lehrkraft besteht, und zum anderen die Frage, ob der Lehrkraft hierfür genügend Handwerkszeug zur Verfügung steht, die Beratung selbst durchzuführen. In diesem Fall müssten ihr die Handlungsmöglichkeiten der Familie vertraut sein; nur so wäre sichergestellt, dass Vereinbarungen auch realisierbar sind. Sie sollte den Eltern Zeit lassen, Veränderungen behutsam durchzuführen. Die gemeinsame Definition der Problemlage, bei der auch der Anteil der Schule am Problem berücksichtigt werden muss, bildet eine wichtige Grundlage, um das Auftreten von Widerstand zu vermeiden.

Manche „schießen mit Kanonen auf Spatzen". Die Verhältnismäßigkeit der Mittel muss immer überprüft werden. Wenn gleich zu Beginn massive, das Selbstkonzept bedrohende Schritte empfohlen werden, zum Beispiel der Besuch einer Psychologin oder der Wechsel in eine Schule niedrigerer Schulform, ist eher mit Widerstand und mit einer scharfen Reaktion zu rechnen.

Es kann auch passieren, dass die Eltern sich durch die Art, wie mit ihnen geredet wird (belehrend oder vorwurfsvoll), abgelehnt fühlen. Sie haben dann vielleicht den Eindruck, dass die Lehrkraft alles, was sie tun oder versucht haben, bewertet und sie als Eltern überhaupt nicht akzeptiert werden. Dadurch entstehen Spannungen, die den konstruktiven Verlauf des Gesprächs behindern. Die Erfahrungen aus der eigenen Schulzeit kommen dann wieder in Erinnerung und die Eltern können zwischen dem, was sie früher in der Schule erlebt haben, und dem, was da im Moment passiert, nicht mehr trennen.

Es kann passieren, dass man sich zunächst nicht einigen kann – insbesondere dann, wenn sich die Fronten verhärten; der Lehrer beharrt beispielsweise massiv auf einer speziellen Vorgehensweise und umso massiver stellen sich die Eltern dagegen. Schlussendlich werden sie sich ganz verweigern. Hier sei auf die Strategie der kleinen Schritte verwiesen. Teilziele, deren Realisierung in überschaubaren Abschnitten leistbar ist, sind eher zu verwirklichen und lösen auch weniger Widerstand aus als Gesamtlösungen. Scheitern ist bei kleinen Schritten weniger bedrohlich, löst weniger Angst aus.

Einseitige Schuldzuschreibungen sind kontraproduktiv. Das Beispiel vom alten Ehepaar ist sattsam bekannt: Er zieht sich zurück, weil sie nörgelt, und sie nörgelt, weil er sich zurückzieht. Erfolgt die Ursachenzuschreibung einseitig, so ist die andere Seite meist nicht bereit, an der Problemlösung mitzuarbeiten.

Sehen die Eltern, dass auch die Lehrkraft bereit ist, eigene Fehler oder Versäumnisse zu sehen und kleine Zugeständnisse zu machen, so ist die Bereitschaft viel größer, auch die eigenen Schwierigkeiten zuzugeben. Kommt es ihnen hingegen so vor, als werde alles nur auf sie abgeschoben, so müssen sie sich schon deswegen entziehen, weil das eigene Selbstwertgefühl bedroht ist (vgl. dazu auch HÄRING/KOWALCZYK 2002).

Liebe Frau Müller,
Ihr Sohn Philipp schwätzt dauernd, stört den Unterricht, hat keine Hausaufgaben, ärgert die Mädchen. Bitte sorgen Sie dafür, dass sich das ändert.

Mit freundlichem Gruß
Frau Lämpel (Lehrerin)

Liebe Frau Lämpel,
Ihr Schüler Philipp putzt sich nur sehr unregelmäßig die Zähne, hilft nie beim Tischdecken und gibt freche Antworten. Bitte sorgen Sie dafür, dass sich das ändert.

Mit freundlichem Gruß
Frau Müller (Mutter)

Checkliste: Auf elterlichen „Widerstand" reagieren

1. Erste Grundregel: Interpretieren Sie nicht jede Kritik, die von Eltern gegen Sie vorgebracht wird, als Widerstand. Damit hat es sich schon mancher zu einfach gemacht. Eltern fühlten sich dann nicht ernst genommen und gingen verärgert aus dem Gespräch heraus.
2. Drücken Sie, wo Sie können, Wertschätzung aus. Erkennen Sie die Bemühungen der Eltern an und sprechen Sie konkret aus, wo Ihnen auffällt, was die Eltern bereits alles getan haben. Verhärtete Fronten werden so aufgeweicht.

3. Erarbeiten Sie eine konkrete Vorgehensweise. Es nützt nichts, den Eltern nur zu empfehlen, konsequenter zu sein. Sprechen Sie haarklein Situationen und mögliche Lösungen durch. Nehmen Sie Beispiele zur Hand. „Angenommen, es ist 7:30 Uhr morgens und Harry ist noch nicht aufgestanden. Was können Sie tun?"
4. Nehmen Sie Rücksicht darauf, dass größere Veränderungen Zeit brauchen und dass sich ein Problem, das innerhalb von mehreren Jahren entstanden ist, nicht in ein, zwei Wochen beheben lässt. Beispiel: Loben Sie im zweiten Gespräch die Anwesenheit des Schülers im Unterricht. Machen Sie Ihr Lob nicht durch das Aufzählen all dessen zunichte, was noch nicht klappt. „Es ist ja schön, dass Harry nun wenigstens anwesend ist, *aber* er hat nun natürlich große Lücken im Stoff, macht seine Hausaufgaben nicht und sein Material hat er auch nicht dabei ..." Vereinbaren Sie kleine Schritte und bleiben Sie dabei.
5. Schießen Sie nicht mit Kanonen auf Spatzen. Gravierende Veränderungen wie etwa ein Schulwechsel sollten erst dann ins Spiel gebracht werden, wenn bereits etwas ausprobiert wurde und es nicht geklappt hat.
6. Um die Kooperationsbereitschaft zu erhöhen, überlegen Sie sich auf jeden Fall, in welchem Punkt auch Sie selbst als Lehrkraft etwas verändern wollen. Beispielsweise bei der Reintegration des Schülers in die Klassengemeinschaft oder beim Nachholen des Lernstoffs. Bitten Sie gegebenenfalls die Eltern um Rat, wo Sie etwas verändern sollten.

Exkurs 2: Kommunikationsstile

Virginia Satir hat bereits 1975 Kommunikationsstile beschrieben, eine Art Typologie des Gesprächsverhaltens. Menschen flüchten sich in solch ein verfestigtes Rollenverhalten, um ihren Selbstwert zu schützen bzw. um sich aus der Situation zu „retten". Die nachfolgenden Zeichnungen und Erklärungen dazu beschreiben vier Extrembeispiele ausweichenden Verhaltens, die in schwierigen Gesprächssituationen auftreten können. Man sollte sich nicht verleiten lassen, sein Gegenüber in ein solches Klischee zu pressen, das heißt, die Typen irrtümlicherweise als überdauernde Persönlichkeitseigenschaften zu interpretieren. Es handelt sich um jeweils aktuelle Kommunikationsweisen, nicht um menschliche Charaktere. Dennoch kann es mitunter hilfreich sein, über den Versuch einer Typologie innere Distanz zu einer schwierigen Situation zu finden. Jeder der dargestellten Typen ist selbstredend in beiden Geschlechtern zu finden.

Der anklagende Typus bietet eine Karikatur von Macht. Er handelt nach dem Motto: Angriff ist die beste Verteidigung. Man erkennt ihn an angespannter, grober Motorik und an seiner abwertenden, tadelnden Sprache. Er unterbricht sein Gegenüber, wird laut, stößt Beschuldigungen aus. Die Vorwürfe sind verallgemeinernd, es finden Schuldzuweisungen statt. Er strahlt Bitterkeit und Misstrauen aus. Als Gegenüber entwickelt man im Umgang mit dem Anklagenden Angst und Fluchtgedanken.

Beispiel: „Sie haben uns ja damals noch nicht einmal informiert, als die Jungs das erste Mal geschwänzt haben, jetzt haben wir die Bescherung. Da sehen Sie mal zu, wie Sie das wieder in Ordnung bringen!"

TIPP: Bleiben Sie ruhig und lassen Sie sich nicht in die Eskalation treiben und werden Sie nicht selbst unkontrolliert aggressiv. Fordern Sie Ihren in der jetzigen Situation anklagenden Gesprächspartner mit Ausdauer auf, seinen Standpunkt zu vertreten. Nehmen Sie seinen Ärger ernst: „Dass Sie so ärgerlich sind, kann ich gut verstehen, wenn ich mich in Ihre Lage versetze." Kommen Sie ihm dort entgegen, wo es Sie nichts kostet. Machen Sie kleine Zugeständnisse.

Der beschwichtigende Typus gilt als Ja-Sager. Er hat eine zurückhaltende, ängstliche, melancholische Ausstrahlung und lebt nach dem Vorsatz: „Ich werde nur dann gemocht, wenn ich es allen recht mache." Er hat Angst, dass unangenehme Gefühle hochkochen. Eigenen Ärger kann er nicht wahrnehmen. Man erkennt ihn an seiner zarten, zittrigen Stimme und seiner unterwürfigen Körperhaltung sowie seiner Kurzatmigkeit. Beim Gegenüber werden Schuldgefühle ausgelöst.

Beispiel: „Ach, wir wissen uns ja selbst nicht mehr zu helfen mit dem Jungen. Wahrscheinlich kommt jetzt das Jugendamt und nimmt ihn uns weg. Meine Frau ist sehr schwer krank und jetzt das noch, das ist der Untergang unserer Familie. Ich weiß nicht, was ich noch machen soll."

TIPP: Erfragen Sie aktiv die Meinung des beschwichtigenden Gegenübers. Fordern Sie die Person auf, selbst Vorschläge zu machen. Betonen Sie ihre Kompetenz. So entgehen Sie der Versuchung, die Arbeit selbst zu übernehmen.

Der ablenkende Persönlichkeitsstil ist eine Karikatur der Spontaneität. Die Sprache ist durch ständige Themenwechsel und sinnloses Assoziieren sowie durch eine Gedankenflut gekennzeichnet. Man erkennt ihn an ständiger, ausflatternder Bewegung. Beim Gegenüber wird Verwirrung ausgelöst.

Beispiel: „Ach, das ist ja furchtbar, also ich weiß selbst nicht mehr, wo der Junge steckt, wir sind kürzlich umgezogen, er hat jede Menge Hobbys und ist auch ansonsten ein ganz intelligenter Junge. Neulich hat er fast das gesamte Haus alleine gestrichen und ist auch sonst eine großartige Hilfe im Haushalt, sind sie bei uns übrigens alle, auch die Zwillinge, die sind ja erst acht, haben aber auch einiges vom Vater. Der ist ja nun im Ausland, aber wir versuchen natürlich, den Kontakt zu halten. Na ja, aber glauben Sie mir, der Sebastian, der wird seinen Weg schon machen …“

TIPP: Bleiben Sie beharrlich beim Thema. Unterbrechen Sie Ihr Gegenüber immer wieder und lenken Sie auf das Thema zurück. Holen Sie sich dafür die Erlaubnis in Form einer Vereinbarung. Visualisieren Sie das Gespräch. Bitten Sie um Mithilfe bezüglich des Themas. Fragen Sie ganz konkret nach seinen Vorstellungen.

Der Rationalisierer ist eine Karikatur der Vernunft. Er hat Angst vor Kontrollverlust und vor Nähe. Sein Motto lautet: „Ich darf keine Fehler machen.“ Man erkennt ihn an seinem trockenen, monotonen Sprachstil. Er argumentiert sehr vernünftig und hält Monologe. Seine Körperhaltung ist angespannt und starr. Beim Gegenüber wird das Gefühl der Unterlegenheit ausgelöst.

Beispiel: „Also, ich muss eins vorwegschicken: Wir sind gegen jede Art von Zwang. Unser Sohn soll das selbst entscheiden, ob er zur Schule gehen kann, wissen Sie, in dem Alter, da sollte man die Kinder nicht zu sehr drängen. Meine Frau und ich, wir wollen da auf keinen Fall was falsch machen. Es kann schließlich nur von innen heraus kommen, Sie wissen ja, wie das mit der Motivation, der Leistungsmotivation bei Jugendlichen ist.“

TIPP: Im Gespräch mit einer Person, die in einer schwierigen Situation leicht ins Rationalisieren gerät, empfiehlt es sich für Sie als Lehrerin, Praktisches hervorzuheben: Werden Sie konkret und treffen Sie Vereinbarungen. Sprechen Sie Gefühle nur vorsichtig an, aber versuchen Sie es. Betonen Sie das Engagement und die Sorge des Gegenübers. Auf diese Weise mildern Sie seine Unsicherheit und helfen ihm, seinen bisherigen Standpunkt auch mal von einer anderen Seite aus anzuschauen.

Grundsätzlich gilt für alle schwierigen Gespräche: Betonen Sie Ressourcen und Positives, drücken Sie Wertschätzung aus, da die Ihnen gegenübersitzenden Eltern meist wohl eher verunsichert und ängstlich sind. Hören Sie weniger auf dem Appell- und Beziehungsohr, sondern mehr auf dem Selbstoffenbarungsohr. Ziel ist es dabei, mehr wahrzunehmen, was der Gesprächspartner über sich selbst aussagt. Dadurch verlieren die oft schwierigen Appell- und Beziehungsbotschaften an Gewicht.

Exkurs 3: Wie Werte die Kommunikation bestimmen

> *Die Kunst, die dialektische Gegensätzlichkeit*
> *zu vereinen, ist uns zeitlebens aufgegeben.* (Schulz von Thun)

Wie ein Mensch sich in Gesprächen verhält, ist nicht zuletzt von seinen persönlichen Werthaltungen bestimmt. Die bereits vorgestellten Kommunikationsstile bilden sicher extreme Ausprägungen solcher Haltungen ab. In sehr viel differenzierterem Maße sind wir jedoch alle davon beeinflusst und es ist durchaus lohnend, ein Gespräch auch unter diesen Aspekten vorzubereiten und zu führen. Auch in dieser Hinsicht hat Friedemann Schulz von Thun (1989) ein gutes Arbeitsmodell entwickelt. Sein „Werte- und Entwicklungs-Quadrat" kann helfen, sich im Gespräch mit den Eltern ihre sowie auch die eigenen Vorstellungen von Erziehung zu verdeutlichen. Außerdem helfen die Werte-Quadrate auch, sich innerhalb des Lehrerkollegiums die Haltungen klar zu machen, mit denen bei Schulverweigerung reagiert werden soll.
    Jede Tugend kann sich, so Schulz von Thun, nur dann positiv auswirken, wenn sie ihrem Gegenwert („Schwestertugend", Schulz von Thun 1989, S. 38) gegenüber in einer gewissen Balance gehalten wird. Sonst entgleist sie in eine entwertende Übertreibung. Ein Beispiel: Großzügigkeit kann in Verschwendung ausarten und hat den Gegenwert Sparsamkeit, zu der sie im

Gleichgewicht gehalten werden sollte. Die Übertreibung von Sparsamkeit ist Geiz. Manche Menschen sind mit ihren Haltungen in Extrempositionen geraten, die vernünftige und angemessene Handlungsmöglichkeiten in ihrem Leben einschränkt. Veranschaulicht man sich die Zusammenhänge in einem Werte- oder Entwicklungsquadrat, so wird sichtbar, in welche Richtung das Verhalten verändert werden muss, um zu einer ausgewogeneren, weniger verkrampften Lebenseinstellung zu gelangen. So könnte der Geizige sich die eine oder andere Verschwendung erlauben, um ein wenig großzügiger zu werden. Als Verschwender müsste man vielleicht lernen zu sparen, indem man an einer Stelle richtig geizt. Verantwortliches Handeln setzt eine Gratwanderung zwischen den Extremen voraus, denn extreme Haltungen führen in der Regel nicht zum Erfolg. Eine vernünftige, praktikable Sparsamkeit liegt irgendwo zwischen Geiz und Verschwendung, nicht an einem festen Punkt, sondern in einem Fließgleichgewicht dazwischen. Diese mittlere Position muss in dynamischer Balance gehalten werden.

Der Sinn von Werte- und Entwicklungsquadraten ist, dass man hier sehen kann, dass in jedem Symptom, jeder Marotte auch ein positiver Kern steckt. Diesen gilt es wertzuschätzen. Ein Problem liegt erst in der Überdosierung, dem Zuviel des Guten. Jeder Mensch birgt in sich auch den schlummernden Gegenpol, den es zu wecken lohnt. Es ist ganz normal, dass man gewohnheitsmäßig eher dem einen oder anderen Pol zugeneigt ist (Beispiele: Distanz, Geiz, Kontrolle, Nähe, Gewährenlassen). Hilfreich und im Interesse von Freiheit und Bewusstheit ist es jedoch, dass man lernt, etwas flexibler mit seinen Werten umzugehen, um dann je nach Situation auch einmal etwas von der anderen Position übernehmen zu können, auch wenn es schwer fällt. Das macht flexibler und sichert Handlungsfähigkeit.

In einem Werte-Quadrat ausgedrückt, sieht das Ganze so aus:

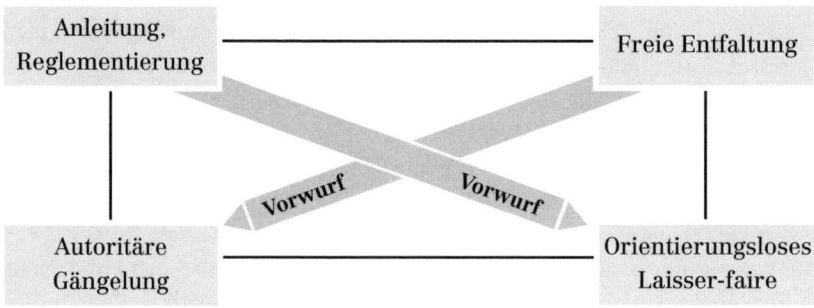

oder so:

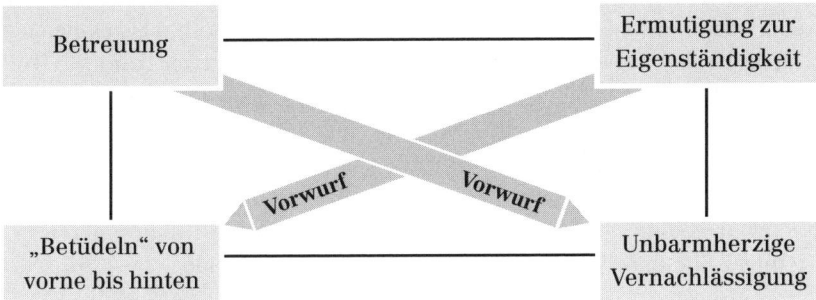

(SCHULZ VON THUN 1989, S. 53, © 1989 by Rowohlt Taschenbuch Verlag, Reinbek bei Hamburg)

Bei Schülern, die die Schule schwänzen, schwanken die Eltern in ihrem Erziehungsverhalten erfahrungsgemäß häufig zwischen orientierungslosem Laisser-faire einerseits und autoritärer Gängelung andererseits. Beides sind bereits entartete Extrempositionen, und jeder der Ehepartner fühlt sich wahrscheinlich seinem hohen Wert (Anleitung oder freie Entfaltung) verpflichtet, sieht den anderen aber im Keller der Entartung. Dadurch werden in Diskussionen Beziehungs- und Sachebene vermischt, und es finden Verletzungen statt, die eine zielgerichtete, lösungsorientierte Auseinandersetzung unmöglich machen.

Die Polarisierung, die in solch einer Diskussion stattfindet, bedeutet, dass zwei zusammengehörige Werte auseinander gerissen werden und als Entweder–Oder erscheinen. In Wirklichkeit ist es jedoch gut, dass es Partner gibt, die beide Positionen vertreten, denn ohne den Gegenwert kann ein Wert nicht existieren. Die Sichtweise des Partners kann also auch als Erweiterung betrachtet werden, nicht nur als Übel, das ausgemerzt werden muss.

Ein Vater fragte mich in der Beratung einmal: „Was ist besser: Strenge oder Liebe?" Es ist hilfreich, mit einer Klassifikation möglicher Erziehungsstile zu arbeiten. Damit kann man versuchen, ein Werte-Quadrat als Orientierungsrahmen für eigene Elterngespräche zu entwickeln.

Erziehungsstile

Autoritäre Eltern

üben eine starke Kontrolle über ihre Kinder aus. Sie akzeptieren deren Meinung zwar, letzten Endes aber entscheiden sie selbst. Die Kinder können sich kaum frei entfalten.

Gleichgültige Eltern

beeinflussen das Verhalten ihres Kindes überhaupt nicht. Ihnen fehlt das Interesse, auf die Entwicklung des Kindes Einfluss zu nehmen.

Nachgiebige Eltern

halten sich in der Erziehung sehr zurück. Ihre Kinder setzen sich letzten Endes durch, wenn es um Entscheidungen geht.

Selbstherrliche Eltern

kontrollieren unnachsichtig. Autorität gegenüber den Kindern ist ihnen überaus wichtig. Eigeninitiative wird unterdrückt, die Meinung der Kinder zählt nicht.

Demokratische Eltern

akzeptieren ihre Kinder als ernst zu nehmende, gleichberechtigte Gesprächspartner mit einem Recht auf eigene Meinung. Je älter ein Kind oder Jugendlicher wird, desto selbstständiger darf er in eigener Regie handeln. Die Eltern geben dabei allerdings Hilfestellungen und Anleitungen und vermitteln ihren Kindern ein Gefühl von Wertschätzung und Sicherheit.

Antiautoritäre Eltern

lehnen verbindliche Regeln ab, jeder ist sich selbst überlassen. Stehen persönliche Entscheidungen an, so sind die Kinder und Jugendlichen in der Regel aktiver als die Erwachsenen. Diese „lassen sie eben machen", ihre eigenen Wünsche werden dabei wahlweise berücksichtigt oder auch nicht.

Werthaltungen von Eltern klären

Bei der Vorbereitung eines Elterngesprächs ist es sinnvoll, sich die Position der Eltern vor Augen zu führen – soweit man diese kennt. Es ist aber sicher ebenso angebracht, sich die eigene pädagogische Grundhaltung zu verdeutlichen. Stehen diese Sichtweisen im Einklang miteinander? Wo ergänzen sie sich wie?

Welche Ratschläge lassen sich hieraus ableiten?

- Versuchen Sie, wenn Sie ein Elterngespräch führen, immer mit beiden Eltern zu sprechen. So bekommen Sie mehr Einblick in die Dynamik auf der Elternebene. Sie gelangen außerdem zu einer ausgewogeneren Sichtweise.

- Suchen Sie hinter jeder Haltung den positiven Grundwert, der seine Berechtigung hat, und benennen Sie diesen. Ein Beispiel:

  Vater: „Da ist Härte gefragt, kein Larifari. Der Junge braucht 'ne klare Ansage."

  Lehrerin: „Sie möchten, dass mit Ihrem Sohn eine klare Sprache gesprochen wird, und ihn in Sachen Schulbesuch unnachgiebiger behandeln."

  Mutter: „Aber er hat es doch auch nicht leicht; ich finde, er braucht auch Verständnis und man muss ihn auch selbst seinen Weg finden lassen, es geht schließlich um seine eigene Zukunft."

  Lehrerin: „Für Sie ist auch die Seite wichtig, dass Ihr Sohn da selber Verantwortung trägt und man ihn eher unterstützend begleitet."

  Lehrerin zu beiden: „Ich möchte das jetzt nicht bewerten. Ihre Sichtweisen haben beide ihre Berechtigung und es wäre sicher verkehrt, nur nach der einen oder nach der anderen Weise zu handeln. Wichtig ist nun, dass Sie gemeinsam einen Mittelweg finden und dass Sie sich vor allem auf ganz klare Absprachen einigen. Was wollen Sie Ihrem Sohn denn jetzt sagen, wenn Sie nach Hause kommen?"

- Bewahren Sie Ihre Neutralität. Sagen Sie auf keinen Fall, dass einer von beiden Recht hat.
- Lassen Sie nicht zu, dass die Eltern sich gegenseitig abwerten, und entwerten Sie auch selbst nicht die Sichtweise eines Gesprächspartners.
- Versuchen Sie nicht, den Eltern ihre Einstellung auszureden, sondern erkennen Sie deren Werthaltungen an.
- Werden Sie konkret und treffen Sie Vereinbarungen. Nehmen Sie immer wieder Bezug zu den Sichtweisen beider Elternteile und fragen Sie, ob beide mit einer Vereinbarung einverstanden sind.
- Erstellen Sie ein Protokoll von den getroffenen Vereinbarungen, hinter denen sowohl beide Eltern als auch Sie als Lehrkraft stehen. Die Aufgaben müssen gleichmäßig verteilt werden.

Werthaltungen im Kollegium klären

Um die pädagogische Grundhaltung im Kollegium zu klären, ist das Wertequadrat (Material 6, S. 75) eine Diskussionsgrundlage.

Auch für Sie gilt, dass es bei jedem Einzelnen und auch im Kollegium darum geht, eine Balance zu finden zwischen Penetranz und Abstinenz. Weder die reine „Gärtner-Haltung" noch die als „Bildhauer" kann in Schule auf Dauer von Erfolg gekrönt sein. Schüler wollen nicht immer eigenständig lernen. Sie brauchen auch Regeln und Grenzen. Andererseits wehren sie sich auch, wenn sie sich nur formen lassen sollen. Zu Recht.

In diesem Abschnitt über die Werte wird deutlich, dass es gegen Schulschwänzen keine statische, rigide Lösung geben kann. Auch dieses Buch ist kein starres Regelwerk, das, streng angewendet, in jedem Fall zum Erfolg führt. Es wird notwendig sein, zwischen extremen Reaktionsmöglichkeiten auszubalancieren und die Vorschläge an die tatsächlichen Gegebenheiten flexibel anzupassen. Gerade derjenige, der es schafft, auch die eigene Position immer wieder kritisch in den Blick zu nehmen und zu erkennen, dass er oder sie sich gerade in eine Übertreibung verrennt, wird länger handlungsfähig bleiben als die Person, die ihr Standard-Programm perfekt abspulen kann.

Professionelles Handeln heißt auch, dass man Dinge, die nicht funktionieren, aufgibt und etwas Neues probiert.

Material 6

Pädagogische Werthaltungen – ein Spannungsverhältnis

Direktivität, eingreifen	Non-Direktivität, wachsen lassen

Pädagogische Penetranz, strenge Reglementierung	Pädagogische Abstinenz, grenzenloses Gewährenlassen

Das „Werte-Kapitel" soll Ihnen helfen, die Eltern in ihrer Position besser zu verstehen und den guten Kern jeder Werthaltung entdecken zu lernen.

Schulprogramm – eine Schule mit einer klaren Vision und Mission

Um langfristig wirklich effektive Methoden gegen das Schulschwänzen zur Verfügung zu haben, ist es sinnvoll, wenn die gesamte Schule sich auf ein grundlegendes Vorgehen einigt und dieses im Schulprogramm verankert. So muss sich nicht jeder Lehrer und jede Lehrerin allein und immer wieder von neuem mit dem Thema beschäftigen, wenn sie davon betroffen ist, sondern kann getrost auf das zurückgreifen, was für alle erarbeitet wurde.

Nachfolgend ist beschrieben, wie die Schule das gewährleisten kann.

Schulprogramm: Stand/Situation sichern – die aktuelle Situation

An einem Projekttag werden per Kartenabfrage die Vorgehensweisen der einzelnen Lehrkräfte vorgestellt, die es aktuell tatsächlich gibt. Die Karten werden dann gruppiert und die Lehrkräfte finden sich in Gruppen zusammen: diejenigen, die gleich das Jugendamt einschalten; diejenigen, die intensive Gespräche mit Schülern und Eltern führen; diejenigen, die bisher noch kein klares Vorgehen für sich entwickelt haben; diejenigen, die nichts unternehmen. Es kann auch eine Schulleitungsgruppe geben, die das Vorgehen auf Leitungsebene vorstellt.

Es werden für jede Gruppe Stärken und Verbesserungsbereiche des aktuellen Vorgehens in einer Tabelle herausgestellt. Die Gruppen stellen sich ihre Ergebnisse gegenseitig im Plenum vor.

Schulprogamm: Leitbild und Regeln

Um ein Leitbild für den Teilbereich Schulschwänzen zu erarbeiten, werden die Gruppen neu gemischt. Jede Gruppe erarbeitet drei Sätze zu einem Idealbild, wie die Schule zukünftig mit dem Thema Schulschwänzen umgehen möchte. Zum Beispiel: „Die Schiller-Schule unterstützt mit aller Kraft den Schulbesuch der Schülerinnen und Schüler. Fernbleiben vom Unterricht wird sofort verfolgt. Durch den gewährleisteten Schulbesuch verpflichten wir uns dem Erziehungs- und Bildungsauftrag der Schule." Die Gruppen kommen im Plenum zusammen und einigen sich im Konsens-Verfahren auf höchstens fünf Leitsätze, denen alle zustimmen können.

Schulprogramm: Regeln und mögliche Fehler

Es wird eine Redaktionsgruppe gebildet, die die Leitsätze konkretisiert und in nachprüfbare Regeln umsetzt. Beispiel: Schüler, die an höchstens drei Tagen einzelne Stunden unentschuldigt gefehlt haben oder einen ganzen Tag ohne Entschuldigung fehlen, werden bereits an demselben Tag angerufen. Jede Lehrkraft verpflichtet sich, im Halbjahres-Rhythmus der Schulleitung über fehlende Schüler und die durchgeführten Maßnahmen zu berichten.

Die umgesetzten Regeln, die die Redaktionsgruppe erarbeitet hat, müssen wiederum im Gesamtkollegium diskutiert und verabschiedet werden. Wichtig sind auch Beispiele und Fehler, die gemacht werden können.

Leitsatz	Regeln	Beispiel, mögliche Fehler
1 *Wir tolerieren kein unentschuldigtes Fehlen im Unterricht.*	*1* *Fehlt ein Schüler/eine Schülerin einen Tag oder dreimal stundenweise unentschuldigt, so wird am selben Tag bei der Familie angerufen.*	*1* *Eine Schülerin hat einen Tag gefehlt. Es liegt keine Entschuldigung vor. Die Klassenlehrkraft ruft in der Familie an. Dies muss vorher mit allen Eltern abgesprochen sein.*
2 ...	*...*	
3 ...		
4		
5		

Ein Schulprogramm im Alltag umsetzen

In einem Handbuch der Schule zum Schulschwänzen werden alle Projekt-
bausteine gesammelt. Sie werden im Kollegium nach und nach erlernt und
die Erfahrungen damit regelmäßig dokumentiert. In regelmäßigen Abstän-
den wird das Handbuch verbessert und verändert (vgl. TEMME 2002).

Hilfreiches Lehrerverhalten

Lehrer können selbst zunächst im Unterricht und mit den Schülern im Zwei-
erkontakt einiges tun. Ein Blick ins Ausland gibt wertvolle Anregungen: Das
US-amerikanische Fortbildungssystem für Lehrkräfte ist teilweise sehr pro-
fessionell organisiert. Auf der Internetseite der Organisation „The Master
Teacher ©" (Link auf der CD-ROM, übers. v. G. Plasse) findet sich eine gute
Zusammenstellung von Maßnahmen gegen Schulverweigerung:

▪ Machen Sie für diesen Schüler eine Ausnahme! Verlangen Sie nur Dinge,
  die an einem Tag zu schaffen sind. Beachten Sie immer, dass er eigentlich
  doppelte Arbeit leisten muss: die verpasste und die aktuelle. Da es Ihre
  Aufgabe ist, Schüler zu motivieren, sollten Sie die Aufgaben so gestalten,
  dass der Schüler sie auch lösen kann. Dies ist eine der schwierigsten Anforderungen überhaupt.

▪ Definieren Sie als oberstes Ziel für diesen Schüler die Anwesenheit in der
  Klasse.

▪ Machen Sie jeden Tag zu einem wichtigen Tag. Kündigen Sie für jeden
  kommenden Tag etwas Wichtiges an! Beispiele: Der Schüler bekommt eine besondere Hausaufgabe; Sie gehen öfter auf ihn zu und besprechen etwas Unterrichtliches; Sie geben ihm eine wichtige Aufgabe innerhalb der
  Schule. Ignorieren Sie den Schüler niemals. Vergessen Sie niemals, mit
  ihm zu reden.

▪ Sobald der Schüler nicht mehr erscheint, müssen Sie handeln: Rufen Sie
  die Eltern an, informieren Sie den Beratungslehrer, Sozialpädagogen und
  Schulleiter sofort. Erkundigen Sie sich auch bei den Kollegen, ob ihnen an
  diesem Schüler etwas aufgefallen ist.

▪ Verabreden Sie ein Gespräch mit dem Schüler und informieren Sie ihn und
  seine Eltern über die möglichen folgenden Schritte.

▪ Vergleichen Sie den Schüler nicht mit Mitschülern und entmutigen Sie ihn
  nicht, bevor er selbst wieder Erfolg in der Schule hat.

- Erklären Sie den Eltern, wie wichtig die Anwesenheit in der Schule ist, und machen Sie auch die Zusammenhänge zwischen Fehlzeiten und niedrigeren Chancen auf Erfolg im Berufsleben deutlich.
- Informieren Sie die Eltern darüber, dass eine stabile, kontinuierliche Betreuung des Jugendlichen durch mindestens eine berechenbare Bezugsperson, die nachhaltig Wert auf Schule legt und ihn unterstützt, ein wichtiger Schutzfaktor gegen Schulversagen ist.
- Bringen Sie den Schüler mit Mitschülern zusammen, die im Unterricht anwesend sind und Interesse an den behandelten Themen zeigen.
- Verbessern Sie die Einstellung der ganzen Klasse dem Schulbesuch gegenüber.
- Sorgen Sie immer dafür, dass der Schüler weiß, dass Sie ihn im Blick haben und dass Sie merken, wenn er fehlt. Beispiel: „Wir hatten gestern eine interessante Diskussion und haben dich dabei vermisst." – „Du hast neulich beim Fußballturnier gegen die Schule in ... gefehlt." – So machen Sie deutlich, dass der Schüler Ihnen etwas bedeutet, und gleichzeitig unterstützen Sie auf diese Weise die Wertschätzung des Schülers Ihnen gegenüber.
- Regen Sie in Ihrer Schule an, dass außerhalb der Unterrichtszeit Freizeitangebote im Schulgebäude laufen, sodass die Schule auch als positive Umgebung erfahren wird und der Besuch mit Erfolgsgefühlen verbunden werden kann.
- Legen Sie dem schulmüden Jugendlichen solche Freizeitangebote nahe.
- Erscheinen Sie selbst immer pünktlich zum Unterricht.

Beherzt intervenieren: Schritt 1

Das können Sie im Kollegium tun, um die Kräfte gegen Schulschwänzen zu bündeln:

- Verbessern Sie die Kommunikation im Kollegium. Scheuen Sie sich nicht, regelmäßig mit den Klassenlehrkräften von Schülern, die fehlen, in Kontakt zu treten und sich gegenseitig Hinweise zu geben.
- Verbessern Sie Ihren Unterricht und erhöhen Sie damit das Interesse der Schülerinnen und Schüler. Dies können Sie zum Beispiel durch gegenseitige Unterrichtsbesuche und konkrete Rückmeldungen durch Kolleginnen und Schüler erreichen. Geben Sie auch mal eine Unterrichtsstunde gemeinsam, auch wenn es Sie zusätzliche Zeit kostet. Dadurch lernen Sie voneinander.

Material 7

Reagieren bei Schwänzen – erster Tag

Name, Vorname: _____

Klasse: _____

Anlass: unentschuldigtes Fehlen

	ja	nein
Ist das Fehlen		
• nachvollziehbar?	☐	☐
• entschuldigt?	☐	☐

To do	Erledigt
• Sofort handeln!	
• Gespräch mit dem Schüler, der Schülerin	☐
• Anruf bei den Eltern	☐
• Gespräch mit Kollegen	☐
• Einrichtung eines Schulbesuchsplans	☐
• Protokoll über alles in diesem Zusammenhang Getane (gegebenenfalls später für die Anzeige beim Ordnungsamt wichtig)	☐
• Klassenarbeiten werden samstags nachgeschrieben	☐
• Anwesenheit loben/belohnen	☐
• Information über mögliche Konsequenzen	☐
• Zeitnahes Nacharbeiten des versäumten Stoffes vereinbaren	☐

- Richten Sie das Förderkonzept der Schule auf die konkreten Bedürfnisse der Schülerinnen und Schüler, speziell der Stärksten und der Schwächsten, aus.
- Organisieren Sie auch die Möglichkeit, nach dem Unterricht im Schulgebäude an Freizeitaktivitäten teilnehmen zu können.
- Holen Sie sich Hilfe. Lassen Sie zusätzliche Beratungslehrkräfte ausbilden oder beantragen Sie Schulsozialarbeiter.
- Kooperieren Sie mit außerschulischen „Konkurrenten" wie zum Beispiel Spielwarengeschäften oder Kaufhäusern, in denen sich die Jugendlichen mitunter vormittags aufhalten. Vereinbaren Sie, dass die entsprechenden PC-Spiele nur nachmittags für Jugendliche frei zugänglich sind.
- Verbessern Sie die Zusammenarbeit mit der Polizei.
- Kooperieren Sie mit Beratungsstellen, mit dem Allgemeinen Sozialdienst, mit Jugendamt und Ordnungsamt und erarbeiten Sie eine kommunale Strategie.

Die Klassenlehrerin oder der Klassenlehrer spricht die anderen Lehrkräfte an, die in der Klasse unterrichten (Beratungslehrkraft, Schulsozialarbeiter/Schulsozialarbeiterin), um zu erfahren, welche Beobachtungen sie gemacht haben und wer eine gute Beziehung zu dem betreffenden Schüler oder der Schülerin hat. Die Lehrkraft mit der besten Beziehung sucht dann das Gespräch mit der Schülerin oder dem Schüler. Er/Sie wird dann zum Beispiel so angesprochen: „Ich habe in letzter Zeit bemerkt, dass du mehrfach nicht in der Schule warst. Ich mache mir Sorgen und frage mich, womit das zusammenhängen könnte und wie man daran etwas ändern kann. Ich würde dir gerne dabei helfen" (Ich-Botschaften).

Kommt die Schülerin hieraufhin wieder zum Unterricht, so muss ihre Anwesenheit konsequent durch positive Rückmeldung verstärkt und die Rückkehr in die Klassengemeinschaft durch die Lehrkraft unterstützt werden. Außerdem benötigt sie Hilfe beim Nachholen des Unterrichtsstoffs.

Beherzt intervenieren: Schritt 2

Fehlt der Schüler, die Schülerin hingegen einen weiteren Tag, auch stundenweise, greift Checkliste II (Material 8). Ferner muss ein Brief an die Eltern gehen (Material 9). Die Briefe sollten auch in die gängigsten Sprachen übersetzt werden, die als Muttersprachen bei den Schülern der Schule existieren (zum Beispiel Türkisch, Italienisch, Persisch, Russisch), damit nicht die Sprache ein Hindernis darstellt und die Eltern den Brief möglicherweise überhaupt nicht verstehen. Es zeigt außerdem, dass die Schule einen Schritt auf die Eltern zu macht.

Die Lehrkräfte berichten den Eltern über ihre Sorgen und erklären ihnen, dass es nun darum geht, gemeinsam zu überlegen, wie dem Schüler, der Schülerin geholfen werden kann. Als Beratungsmöglichkeiten werden Jugendamt, Schulpsychologische Beratung, Erziehungsberatungsstelle oder andere erreichbare Hilfsangebote genannt. Am Schluss des Gesprächs treffen die Beteiligten konkrete Vereinbarungen (Wer macht was?) und verabreden einen Zeitpunkt für ein weiteres Gespräch. Auch bei einem positiven Verlauf ist ein zweiter Gesprächstermin immer wichtig – zur Erhöhung der Verbindlichkeit und zur Erfolgssicherung.

Ändert sich durch das erste Gespräch an der Situation nichts und können auch die Zusammenhänge und Hintergründe auf diese Weise nicht aufgeklärt werden, so wird der Schüler oder die Schülerin über Beratungsmöglichkeiten (Beratungsleiter, Schulpsychologin, Jugendamt) informiert oder gegebenenfalls auch ein Kontakt hergestellt. Vor einer schriftlichen Einladung an die Eltern wird der Schüler, die Schülerin in jedem Falle informiert.

Beherzt intervenieren: Schritt 3

Kommt der Schüler, die Schülerin immer noch nicht wieder oder erscheinen die Eltern erst gar nicht zum Gespräch, dann sollte der Kommunale Sozialdienst hinzugezogen werden. Lehnen die Eltern dies ab, wird zum ersten Mal das Jugendamt ins Spiel gebracht: Offenbar kommen diese Eltern ihrer Pflicht, für den Schulbesuch des Kindes zu sorgen, in grobem Ausmaß nicht nach. Das kann nicht hingenommen werden. Als Schule haben Sie mit Ausnahme von schlechten Zensuren wenig Möglichkeiten, auf die Eltern Druck auszuüben. Deswegen ist hier das Einschalten einer Behörde, die auch von sich aus tätig werden kann, notwendig.

Material 8

Reagieren bei Schwänzen – zweiter Tag

Name, Vorname: _____

Klasse: _____

Anlass: unentschuldigtes Fehlen

Ist das Fehlen	ja	nein
• nachvollziehbar?	☐	☐
• entschuldigt?	☐	☐

To do	Erledigt
Unterstützung aus dem Beratungsteam hinzuziehen	☐
Sofort handeln!	☐
Gespräch mit dem Schüler, der Schülerin	☐
Anruf bei den Eltern	☐
Gespräch mit Kollegen	☐
Einrichtung eines Schulbesuchsplans	☐
Protokoll über alles in diesem Zusammenhang Getane (gegebenenfalls später für die Anzeige beim Ordnungsamt wichtig)	☐
Klassenarbeiten werden samstags nachgeschrieben	☐
Anwesenheit loben/belohnen	☐
Information über mögliche Konsequenzen	☐
Zeitnahes Nacharbeiten des versäumten Stoffes vereinbaren	☐
Vorschlag, sich freiwillig an eine Beratungsstelle zu wenden	☐
Unterstützung bei der Kontaktaufnahme anbieten	☐
Hausbesuch	☐

Erste Einladung der Schule an die Eltern

Name der Schule _____   Datum _____

Anschrift der Schule _____   Tel.: _____

Name und Anschrift der Eltern

_____

_____

Sehr geehrte Frau _____ , sehr geehrter Herr _____ ,

ich möchte mit Ihnen über die schulische Situation Ihrer Tochter/Ihres Sohnes sprechen.

An diesem Gespräch wird auch unser/e Beratungslehrer/in teilnehmen,

Herr/Frau _____.

Ich mache mir Sorgen, weil

_____.

Ich lade Sie deshalb zu einem Gespräch in die Schule ein. Als Termin schlage ich den_____, _____Uhr vor, Raum _____. Sollte dieser Termin ungünstig für Sie sein, so melden Sie sich bitte unter den angegebenen Telefonnummern, damit wir einen anderen Termin vereinbaren können.

Mit freundlichen Grüßen

_____   _____

Unterschrift   Ort, Datum

Material 10

Zweite Einladung der Schule an die Eltern

Name der Schule _____   Datum _____

Anschrift der Schule _____   Tel.: _____

Name und Anschrift der Eltern

_____

_____

Sehr geehrte Frau _____ , sehr geehrter Herr _____ ,

leider haben Sie auf meinen Brief vom _____
nicht reagiert.
Da mir ein Gespräch mit Ihnen sehr wichtig ist, schlage ich einen
neuen Termin am
_____um_____Uhr in der Schule, Raum _____ vor.
Vielleicht ist es nützlich, wenn eine Mitarbeiterin oder ein Mitarbeiter
des Jugendamtes an diesem Gespräch teilnimmt. Die Mitarbeiterinnen
und Mitarbeiter beraten Eltern, Kinder und Jugendliche in schwierigen
Lebenssituationen. Sie informieren und helfen bei der Inanspruch-
nahme wirtschaftlicher Leistungen und bieten Schutzmaßnahmen in
Krisensituationen an.
Sollten Sie mit einer Teilnahme des Jugendamtes an dem Gespräch
und einer Mitteilung an das Jugendamt über den Gesprächsanlass einverstanden sein, so lassen Sie uns das bitte wissen, damit wir auch mit
dem Jugendamt eine Terminabsprache treffen können. Im Interesse
von (Name des Kindes) hoffen wir sehr,
dass Sie uns anrufen.

Mit freundlichen Grüßen

_____   _____
Unterschrift   Ort, Datum

Reagieren die Eltern nicht auf den ersten Brief, so schickt die Schule einen zweiten Brief mit einem neuen Gesprächstermin (Material 10). Darin wird ihnen vorgeschlagen, dass das Jugendamt zu diesem Gespräch mit eingeladen wird. Dies kann zu diesem Zeitpunkt noch abgelehnt werden (s. u.); das Einverständnis der Eltern ist notwendig, bevor das Jugendamt informiert werden darf. Je nachdem, wie die Eltern reagieren, übernimmt die Schule die Koordination der Termine und stellt Räume bereit.

Beherzt intervenieren: Schritt 4

Kommt der Schüler immer noch nicht wieder? Je nachdem, welche Anzahl von Fehltagen die Schule hierfür festgelegt hat, wird eine Mahnung (vgl. unter „Zusammenarbeit mit dem Ordnungsamt") an die Eltern oder den Schüler geschickt. Nun wird die Schulleitung eingeschaltet.

Reagieren die Eltern auch auf die zweite Einladung nicht, erfordert aber die Situation des Schülers aus Lehrersicht eine Lösung, muss die Schule abwägen, was wichtiger ist: Die Sicherung der Interessen des Jugendlichen oder das Dienstgeheimnis der Lehrkraft. Wird das Interesse des Schülers oder der Schülerin als höherwertiges Rechtsgut beurteilt, nimmt die Schule Kontakt zum Jugendamt auf und teilt den Eltern diese Kontaktaufnahme mit (Material 11).

An jeder Stelle kann die Beratung ausgebaut werden, wenn die Eltern und der Schüler oder die Schülerin Interesse daran haben. Dann erfolgen auf Wunsch mehrere Gespräche, Diagnostik, Absprachen mit den Lehrkräften, Versetzung in die Parallelklasse, Schulwechsel oder Ähnliches. Der Fahrplan (vgl. S. 26 u. 97) ist lediglich dafür gedacht, Handlungsalternativen aufzuzeigen, wenn der jeweils nächste Schritt nicht erfolgreich gewesen ist.

Bei diesem Vorgehen ist der Klassenlehrer zwar jeden Tag aktiv, er weiß aber dafür auch genau, was zu tun ist.

Ansprech- und Kooperationspartner

Als interne Kooperationspartner bezeichnet man Personen, die innerhalb der Schule von Lehrkräften und Eltern in Bezug auf einzelne Schüler angesprochen werden können. Überlegen Sie, wer in Ihrer Schule als Kooperationspartner infrage kommt.

Dritte Einladung der Schule an die Eltern

Name der Schule _____   Datum _____

Anschrift der Schule _____   Tel.:   _____

Name und Anschrift der Eltern

_____

_____

Sehr geehrte Frau _____ , sehr geehrter Herr _____ ,

leider haben Sie auf meine Briefe vom _____ und vom _____ nicht geantwortet. Ich weiß nicht, warum Sie nicht mit mir sprechen möchten. Die Situation Ihrer Tochter/Ihres Sohnes

_____

ist unverändert.

Da ich bei Ihnen keine Bereitschaft erkenne, mit der Schule zusammenzuarbeiten, wir aber gleichzeitig die Situation im Interesse Ihres Kindes nicht auf sich beruhen lassen können, sieht sich die Schule veranlasst, den Kommunalen Sozialdienst des Fachbereichs Jugend und Familie zu informieren.

Eine Mitarbeiterin oder ein Mitarbeiter des Jugendamtes

_____

(Namen/Telefonnummer und Anschrift)

wird sich mit Ihnen in Verbindung setzen.

Mit freundlichen Grüßen

_____   _____

Unterschrift   Ort, Datum

Mögliche interne Kooperationspartner

- Beratungsgremium (Beratungslehrerin, Präventionsfachkraft, Sonderpädagoge, Sozialarbeiterinnen/-pädagoginnen, Schulpsychologin)
- Schulleitung
- Arbeitsgruppe Schulkonzept – Didaktisches Gremium

Als externe Kooperationspartner gelten Stellen außerhalb der Schule, die vom Beratungsgremium einbezogen oder in Anspruch genommen werden können. Auch von diesen Partnern sollte es in Ihrem Ordner zum „Schulschwänzen" eine Liste mit Telefonnummern geben.

Mögliche externe Kooperationspartner

- Kommunaler Sozialdienst der Stadt oder Allgemeiner Sozialdienst
- Jugendamt
- Ordnungsamt
- Beratungsstellen
- Ärzte
- Gesundheitsamt

Den Schulpsychologen einschalten

Wenn Sie im Beratungsprozess mit Einverständnis der Eltern einen Schulpsychologen hinzuziehen, dann wird dieser in der Regel auf engmaschige Zusammenarbeit von Elternhaus und Schule dringen. Der Schulpsychologe ist dann hilfreich, wenn Sie in der Beratung der Eltern an Grenzen stoßen (es ändert sich nichts), wenn Sie den Verdacht auf eine Angstproblematik haben oder wenn Sie sich einfach selbst in Ihrem Vorgehen noch einmal rückversichern wollen.

Ein Beispiel zeigt, wie ein Schulpsychologe vorgehen könnte: Nikolas schwänzt die Schule. Der Schulpsychologe schließt eine Angstproblematik aus und erarbeitet mit Lehrkräften und Eltern einen Plan, den diese dann selbstständig umsetzen können. Man vereinbart, auf jeden Versuch von Nikolas, die Schule zu vermeiden, konsequent zu reagieren, zum Beispiel durch einen Anruf bei den Eltern und sofortiges Nachholen des Unterrichts.

Versäumte Leistungsnachweise werden samstags nachgeschrieben. Die Annäherung an den regelmäßigen Schulbesuch wird gleichzeitig systematisch belohnt, das heißt, die Anwesenheit wird durch die Lehrkraft zu Beginn jeder Stunde lobend erwähnt, Nikolas erhält Unterstützung bei den Aufgaben, die Eltern können ebenfalls mit ihrem Sohn Belohnungen vereinbaren.

Zur genauen Dokumentation der Anwesenheit von Nikolas bekommen die Lehrkräfte einen Schulbesuchsplan (s. Material 12), der auf das Lehrerpult gelegt wird. Am Anfang jeder Stunde wird als Erstes dieser Schulbesuchsplan ausgefüllt und entsprechend gehandelt, d. h., wenn Nikolas da ist, wird er gelobt und intensiv beim Lernen unterstützt, ist er nicht da, so werden sofort die Eltern aufgefordert, ihren Sohn zur Schule zu bringen. Nicht besuchte Unterrichtsstunden müssen komplett nachgeholt werden. Der Schulbesuchsplan ist Teil einer Behandlungsstrategie und wird ausgefüllt, um Nikolas' regelmäßigen Schulbesuch aufzubauen.

Mit den Eltern wird ebenfalls abgesprochen, dass sie Nikolas für den Schulbesuch belohnen müssen (Material 13). Als Belohnungen kommen etwa gemeinsame Aktivitäten, Kinokarten oder Ähnliches infrage, die jeweils zwischen Eltern und Sohn abgesprochen sein müssen. Größere Geschenke können durch „Sammeln" von Punkten erarbeitet werden. Wichtig ist, dass die Eltern sich konsequent an den Belohnungsplan halten und versprochene Belohnungen prompt einlösen. Es gilt ferner, dass ausschließlich das vereinbarte Verhalten (hier: der Schulbesuch) gemäß Belohnungsplan anerkannt wird und nicht kurzfristig andere Ereignisse, zum Beispiel Rauchen auf dem Schulhof oder ein blauer Brief, hiermit „verrechnet" werden. War Nikolas jeden Tag in der Schule, bekommt er seine Belohnung trotz möglichen Fehlverhaltens in anderen Bereichen. Das heißt keineswegs, dass die Eltern hier die Augen vor anderen Themen verschließen sollten. Aber der Belohnungsplan muss konsequent vereinbarungsgemäß umgesetzt werden. Auf diese Weise sollen auch die Eltern etwas lernen, nämlich die Kontrolle über ihr Kind zurückzugewinnen.

Sollte diese erste Bemühung nicht funktionieren, so müssen die Eltern Nikolas drei Wochen lang jeden Morgen selbst zur Schule bringen. Dies ist insbesondere von berufstätigen Eltern nicht leicht zu organisieren. Es wird dennoch explizit empfohlen, denn ohne Schulbesuch ist ein Schulerfolg völlig unmöglich, und gerade deswegen sollte auch von den Eltern ein außergewöhnliches Engagement gefordert werden. Auf diese Weise ist der Schulbesuch zumindest für einen begrenzten Zeitraum gesichert und der Schüler/die Schülerin hat die Chance, erwünschte Verhaltensstrukturen

Schulbesuchsplan: Schule

Datum: Wochentag, Tag, Monat, Jahr

Stunde	Fach	Lehrkraft	Anwesenheit? (ja/nein)	Konsequenz (bitte genau angeben)
1				
2				
3				
4				
5				
6				
7				
8				
9				
10				
n				

(regelmäßiger Schulbesuch mit Lernerfolg) aufzubauen. Erfolge sollten hier gezielt ermöglicht werden, indem auch die Lehrkraft die Arbeit von Nikolas aktiv unterstützt. Nur dann wird der Jugendliche langfristig wieder selbst die Verantwortung für den Schulbesuch übernehmen. Eine Hilfe zur Behebung der Lernrückstände (Fördergruppe, Einzelförderung) ist deswegen unabdingbar. Auch eine Schullaufbahnberatung (ob etwa eine Klasse wiederholt werden muss oder Nikolas beispielsweise eine andere Schulform besuchen sollte) kann vonnöten sein.

Vermutet der Schulpsychologe eine Schulphobie oder Trennungsangst, wird in der Regel die Notwendigkeit einer Psychotherapie überprüft. Der Therapeut oder die Therapeutin ist dann von Lehrkräften und Eltern in die weiteren Überlegungen einzubeziehen. Psychotherapeutische Interventionen unterscheiden sich mitunter grundlegend vom schulpsychologischen Repertoire bei Schulschwänzen.

Die folgende Übersicht verdeutlicht abschließend, in welchen Fällen von Schulvermeidung wer was unternehmen sollte:

Interventionsmöglichkeiten bei Schulverweigerung		
Diagnose	**Wer wird tätig?**	**Welche Interventionen?**
Verhalten noch im Normbereich (einmaliges Fehlen, sonst regelmäßig in der Schule)	Lehrerin, Lehrer	Ernsthaftes Gespräch mit dem Schüler, der Schülerin; Nacharbeiten des Versäumten; Gespräch mit den Eltern
Schulschwänzen	Lehrkraft, Schulleitung, Beratungslehrkraft, Jugendamt, Polizei	Sofortige Information der Eltern; Nachholen der Arbeitszeit; Erziehungsmittel; Erziehungs- und Ordnungsmaßnahmen; Zusammenarbeit mit Jugendamt und Polizei

Diagnose	Wer wird tätig?	Welche Interventionen?
Trennungsangst (Schulphobie)	Lehrkraft, Schulleitung, Beratungslehrkraft, Schulpsychologin, Hausärztin, Kinderärztin, Eltern	Konfrontation der Eltern; Motivation und Beratung der Eltern; Zusammenarbeit mit Ärzten; Durchführung oder Vermittlung von Therapie; Vermittlung in andere Schule oder Internat
Schulangst (soziale Ängstlichkeit)	Lehrkraft, Schulleitung, Beratungslehrkraft, Schulpsychologin	Klärung der Beteiligung der Schule, anderer Kinder und der Lehrkräfte; Gespräch mit allen Lehrkräften; Arbeit mit dem Kind; Bearbeitung der Hintergründe; Klassen- oder Schulwechsel

Mobbing stoppen

Die Behandlung von Phobien gehört in die Hand von Therapeuten, bei Mobbing hingegen sind die Ängste in einer realen Situation begründet, deren Rahmenbedingungen durch die Schule bereinigt werden können und müssen. Hier sind zusätzlich zur vielleicht notwendigen psychotherapeutischen Hilfe für den betroffenen Schüler Maßnahmen auf der Ebene der Schule unerlässlich. In der nachfolgenden Zusammenstellung finden Sie erste Hinweise, wie Sie als Klassenlehrkraft dem Mobbing entgegenwirken können:

■ Führen Sie ein Gespräch mit dem Schüler, der Schülerin und machen Sie sich auf diese Weise seine/ihre Situation klar. Worunter genau leidet er/sie? Ist es dem Schüler, der Schülerin recht, dass über die Situation im Klassenverband gesprochen wird?

■ Hören Sie dem Schüler aktiv zu.

■ Erarbeiten Sie mit dem Schüler im Gespräch Verhaltensweisen, die ihm helfen könnten.

Schulbesuchsplan: Familie

Datum: Wochentag, Tag, Monat, Jahr

☺	Datum der Woche:	bis					Regeln	Belohnungen
Mo							Hier wird die vereinbarte Regel konkret und genau eingetragen, z.B.:	... werden zwischen Eltern und Schüler/in vereinbart, z.B.:
Di							_(Name)_ • erscheint jeden Morgen pünktlich zum Unterricht und nimmt bis Schulschluss am Unterricht teil. • Krankheiten werden ausschließlich durch ein ärztliches Attest entschuldigt.	• _Kinokarte_ • _Gemeinsamer Ausflug nach_ _____ • ...
Mi								
Do								
Fr								

An Tagen, an denen dies gelingt, wird ein ☺ in das entsprechende Feld eingetragen. Jeweils freitags wird „abgerechnet". Es ist festzulegen, bei wie vielen ☺ welche Belohnung verdient ist.

- Machen Sie sich als Klassenlehrer auch Ihre eigene Rolle klar. Wie beurteilen Sie die Situation? Manchmal tragen zwar Mobbing-Opfer zum Teil selbst zu ihrer Lage bei (durch skurrile Verhaltensweisen, durch Ausnutzen ihrer Rolle), das rechtfertigt aber keinesfalls diskriminierendes Verhalten ihrer Mitschüler. Zur systemischen Sichtweise gehört es dennoch unbedingt, sich den Gesamtzusammenhang anzuschauen. Dazu gehört dann auch der Anteil der Klasse und des Lehrers.

- Über- oder Unterforderung der Schüler kann in einer Klassengemeinschaft ein schlechtes Klima erzeugen. In Stresssituationen tritt Mobbing häufiger auf. Stimmen Sie den Unterricht auf die Fähigkeiten der Schüler ab und machen Sie die Kriterien, die bei Ihnen zu guten Noten führen, ganz klar und deutlich.

- Machen Sie sich als Lehrerin die Stärken des angefeindeten Schülers bewusst und werten Sie ihn hin und wieder (nicht zu oft) vor der Klasse dadurch auf, dass Sie ihm besondere Aufgaben zuweisen.

- Geben Sie hin und wieder Aufgaben, die nur in Gruppen zu lösen sind. Weisen Sie die Schüler per Los den Gruppen zu und lassen Sie dann die Gruppen eigenständig Planung und Durchführung der Aufgabe bewältigen. Die Gruppen werden als Gruppe bewertet. So sind die Schüler gezwungen, mit dem entsprechenden Schüler zusammenzuarbeiten und seine Stärken einzubeziehen. Lassen Sie die Gruppen am Ende ihr Ergebnis vorstellen und auch über die Erfahrungen mit der Zusammenarbeit berichten.

- Das Thema Mobbing offen im Unterricht anzusprechen ist dann sinnvoll, wenn das Opfer damit einverstanden ist und wenn in der Klasse mehrere Schüler mit dem Mobbing nicht einverstanden sind. Hier können dann Hintergründe, Ursachen und Folgen des Mobbings erarbeitet und konkrete Handlungsstrategien im aktuellen Fall verabredet werden.

- Es ist auch möglich, über eine Geschichte in das Thema einzusteigen.

- Durch Kennenlernspiele (z. B. eine Talkshow, in der sich jeder Schüler zu bestimmten Themen vorstellt und positioniert) kann eine neue Sichtweise auf den Schüler ermöglicht werden.

- Lassen Sie nicht locker: Überprüfen Sie regelmäßig, ob das Mobbing vorbei ist, und greifen Sie gegebenenfalls sofort wieder ein.

- Beziehen Sie auch die Eltern ein und bitten Sie sie, ebenfalls mit den Schülern zu reden und ihnen Mobbing strikt zu untersagen.

- Informieren Sie die Kolleginnen und Kollegen über die Situation und getroffene Absprachen.

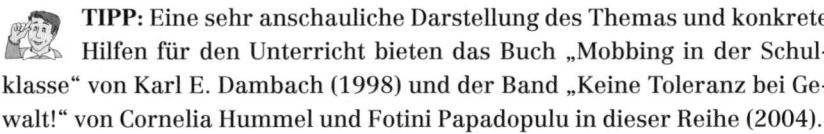 **TIPP:** Eine sehr anschauliche Darstellung des Themas und konkrete Hilfen für den Unterricht bieten das Buch „Mobbing in der Schulklasse" von Karl E. Dambach (1998) und der Band „Keine Toleranz bei Gewalt!" von Cornelia Hummel und Fotini Papadopulu in dieser Reihe (2004).

Das Jugendamt einschalten

In Fällen, in denen sich zwischen Schule und Elternhaus keine kooperative Zusammenarbeit herstellen lässt, obwohl die Schule die Möglichkeiten, die zur Verfügung stehen, ausschöpft, wird es notwendig, mit dem Jugendamt zusammenzuarbeiten. Da der Schule nicht immer die geeigneten Mittel zur Verfügung stehen, um die Eltern gegebenenfalls auch unter Druck zu setzen, ist es dann notwendig, sich an das Jugendamt zu wenden. Der Nachteil dieses Vorgehens kann in einer Verhärtung der Fronten bestehen, da die Eltern sich unter Druck gesetzt fühlen.

Andererseits ist bereits unter „Beherzt intervenieren" (S. 79 ff.) ein Vorgehen beschrieben, in dem von Anfang an Transparenz herrscht und die Eltern auch genau wissen, dass es bei mangelnder Kooperation zur Einschaltung des Amtes kommen kann. Im Falle eines Eingreifens durch das Jugendamt wird übrigens ebenfalls zunächst versucht, die Schwierigkeiten durch Erziehungsberatung zu lösen.

Im folgenden Text werden die Kooperationsregeln für die Zusammenarbeit von Schule und Jugendamt im Einzelfall vorgestellt, wie sie in einer norddeutschen Großstadt von Mitarbeiterinnen und Mitarbeitern des Jugendamtes, der Schulen, der Schulaufsicht und der Schulpsychologie erarbeitet worden sind. Es handelt sich um sechs Schritte, die jeweils genau eingehalten werden müssen, damit den Kindern und Jugendlichen so schnell wie möglich geholfen werden kann.

Es handelt sich immer um Absprachen, die konkret zwischen einigen am Ort befindlichen Schulen und dem Jugendamt vereinbart werden. Hier wird ein Beispiel für eine solche Kooperation vorgestellt (vgl. ALVAREZ/HÄRING, im Druck).

Über die einzelnen Handlungsschritte wird ein Protokoll angelegt. Hierzu kann ein Formblatt (Material 14) benutzt werden.

Protokollhilfen für die einzelfallbezogene Zusammenarbeit zwischen Schule und Jugendamt

Schule: _____

Lehrkraft: _____

Jugendamt: _____

Mitarbeiter im Jugendamt: _____

Schüler/in: _____ geb. _____

Klasse: _____

Anschrift: _____

_____

Erziehungsberechtigte: _____

Ansprechpartner/in: _____

Klassenlehrer/in: _____

Beratungslehrer/in: _____

Beobachtungszeitraum: _____

Anlass der Intervention, Kurzbeschreibung der Probleme:

_____

_____

_____

_____

_____

1.	Ansprechen der Kolleginnen und Kollegen (vgl. Beherzt intervenieren, S. 79 ff.)

⬇

2.	Hinweis auf Hilfsmöglichkeiten und erstes Schreiben an die Eltern

⬇

3.	Das Elterngespräch

⬇

4.	Der zweite Elternbrief

⬇

5.	Der dritte Elternbrief

⬇

6.	Das Jugendamt nimmt Kontakt zur Familie auf

⬇

7.	Zusammenarbeit des Jugendamtes mit der Familie und Rückmeldung an die Schule

⬇

8.	Rückmeldung des Jugendamtes an die Schule

Folgende Unterstützungsangebote können durch das Jugendamt empfohlen und vermittelt werden:

- regelmäßige Beratung durch das Jugendamt,
- Jugendpsychologischer Dienst und andere Beratungsstellen, insbesondere Schulpsychologie,
- (je nach Alter der betroffenen Schüler) Kindertagesstätten und Horte,
- Gruppenangebote,
- Freizeitangebote,
- Hausaufgabenhilfe (finanzielle Hilfen im Einzelfall bei Sozialhilfebezug möglich),
- ggf. Schuldnerberatung.

Die Gewährung von Hilfe zur Erziehung liegt in der Verantwortung des Jugendamtes. Es handelt sich dabei um:

- Erziehungsberatung,
- Erziehungsbeistandschaft/Betreuungshelfer,
- soziale Gruppenarbeit,
- sozialpädagogische Familienhilfe,
- Tagesgruppen,
- stationäre Unterbringung.

TIPP: Was auch noch interessant ist: Sie können sich als Lehrerin auch direkt an das Jugendamt wenden – nämlich als Ratsuchende.

Wenn die Eltern gegenüber der Schule das Gespräch verweigern oder bei vergleichbar schwierigen Fallkonstellationen hat ein Lehrer oder eine Lehrerin jederzeit die Möglichkeit, beim Jugendamt Rat bezüglich der anonymisierten Situation des Schülers oder der Schülerin sowie der weiteren Vorgehensweise zu suchen. In diesen Gesprächen wird auch geprüft, ob eine Kindeswohlgefährdung vorliegt.

In einigen Kommunen gibt es Kooperationsverträge zwischen bestimmten Schulen und dem Jugendamt, in denen Kooperationsregeln vereinbart und ein Interventionskonzept vereinbart wurden. Wo dies vorliegt, ist die Zusammenarbeit erfahrungsgemäß besonders reibungslos.

Das Ordnungsamt einschalten

Parallel zu allen Aktivitäten im Rahmen der Schulvermeidung ist es dringend anzuraten, dass alle Fehlzeiten von Schülern und Schülerinnen von Anfang an systematisch dokumentiert werden, eine Mahnung der Schule an die Familie geschickt und schließlich eine Ordnungswidrigkeit beim Ordnungsamt angezeigt wird. Jede Schule sollte sich beim zuständigen Ordnungsamt erkundigen, ob es bestimmte Formulare für die einzelnen Schritte gibt. So müssen beispielsweise exakte Angaben über die unentschuldigten Schulversäumnisse gemacht und die bisherigen Maßnahmen der Schule genannt werden. Es müssen Beweismittel aufgelistet werden, wie etwa Eintragungen ins Klassenbuch, ärztliche Bescheinigungen oder Ähnliches. Es ist auch mit dem Ordnungsamt zu klären, zu welchem Zeitpunkt dies geschehen soll. Gibt es vonseiten des Ordnungsamtes hier keine Vorgaben, so muss die Schule selbst einen Rahmen setzen, nach wie vielen unentschuldigten Fehltagen sie mahnt und anzeigt. Es ist weiterhin anzuraten, mit den zuständigen Mitarbeitern des Ordnungsamtes Kontakt aufzunehmen, um in besonderen Fällen das Vorgehen aufeinander abstimmen zu können. Bevor eine Anzeige erstattet werden kann, ist es notwendig, zwei bis drei Mahnungen an die Familie zu schicken, damit sichergestellt ist, dass die Eltern überhaupt von der Schulvermeidung in Kenntnis gesetzt sind und sie ihnen somit im juristischen Sinne vorwerfbar ist. Ist der Schüler/die Schülerin bereits 14 Jahre oder älter, so muss die Anzeige gegen ihn oder sie selbst gerichtet werden.

Es ist auch möglich, eine Anzeige gegen einen Ausbildungsbetrieb zu erstatten, der Schüler vom Schulbesuch abhält.

Wichtig: Die nachfolgenden Materialien orientieren sich an der niedersächsischen Gesetzeslage. Bitte prüfen Sie, welche Gesetze und Paragrafen im Einzelnen in Ihrem Bundesland greifen, und modifizieren Sie die Beispielschreiben (S. 100 f.) entsprechend.

Die Anzeige beim Ordnungsamt ist notwendig, damit die Ernsthaftigkeit und die Strafbarkeit von Schulversäumnissen deutlich unterstrichen werden.

Material 15

Beispiel für ein Mahnschreiben der
Schule an die Eltern (in Niedersachsen)

Sehr geehrte Frau _____, sehr geehrter Herr _____,

Ihr Kind, (NAME)

_____,

geb. am _____ in _____Klasse _____ ist seit dem _____

unentschuldigt dem Unterricht ferngeblieben beziehungsweise hat an
_____ Tagen im Unterricht gefehlt.

Nach § 71, § 63 und §176 des Niedersächsischen Schulgesetzes
haben die Erziehungsberechtigten dafür zu sorgen, dass ihr Kind
regelmäßig am Unterricht teilnimmt.

Die Durchführungsbestimmungen zu § 63, 1.4. besagen u. a.: „Fernbleiben vom Unterricht: Nimmt ein Schüler mehrere Stunden oder an
einem oder mehreren Tagen nicht am stundenplanmäßigen Unterricht
teil, ist der Schule der Grund des Fernbleibens spätestens am dritten
Versäumnistag mitzuteilen."

Ordnungswidriges Verhalten, wie es das unentschuldigte Fernbleiben
vom Unterricht ist, hat eine Anzeige wegen Ordnungswidrigkeit zur
Folge und kann mit einer Geldbuße von bis zu 1000,– Euro geahndet
werden.

Sie werden aufgefordert, Ihr Kind sofort zur Schule zu schicken und
der Schule spätestens bis zum _____ den Grund des Fernbleibens anzugeben.

Sollten Sie unserer Aufforderung nicht folgen, wird die Schulleiterin
unverzüglich Anzeige wegen Ordnungswidrigkeit erstatten.

Im Interesse einer eindeutigen Klärung bitten wir Sie zu einem
Gespräch in die Schule.

Mit freundlichen Grüßen

_____   _____

Klassenlehrerin   Schulleiterin

Material 16 (2 Seiten)

Beispiel für eine Anzeige beim
Ordnungsamt (in Niedersachsen)

Anzeigende Schule, Stempel

_____

Ort, Datum

An das Ordnungsamt

_____

_____

_____

Anzeige einer Ordnungswidrigkeit
nach § 176 des Niedersächsischen Schulgesetzes – NSchG

☐   gegen den Schüler/die Schülerin (Name/Vorname): _____

    Klasse: _____ Geburtstag: _____

    Geburtsort: _____

    Anschrift: _____

☐   gegen die/den Erziehungsberechtigten

    Vater (Name, Vorname) _____

    Mutter _____

    Vormund _____

    Geburtstag, Geburtsort: _____

    Anschrift: _____

Material 16 (Seite 2)

(bei Berufsschülern:)

☐   gegen den Auszubildenden/Arbeitgeber _____

Name, Vorname _____

(bei Firmen des Inhabers oder verantwortlichen Vertreters)

Beruf/Betrieb _____

Anschrift: _____

1. Sachverhalt

Unberechtigte Schulversäumnisse

[Tage/Wochen einzeln und chronologisch] _____

2. Bisherige Maßnahmen der Schule – jeweils mit Datum

[Schriftliche Mahnungen Erziehungsberechtigte, _____

Schüler/Schülerin; persönliche Unterredungen mit

Schüler/Schülerin, Erziehungsberechtigten, _____

Ausbildenden, Hausbesuche] _____

3. Beweismittel

[Eintragungen der Versäumnisse im Klassenbuch, _____

Schriftwechsel mit Erziehungsberechtigten/Ausbildenden,

beigefügte ärztliche Bescheinigungen] _____

Name, Vorname der Klassenlehrerin, des Klassenlehrers:

_____

4. Sonstige Angaben

[Familiäre Verhältnisse, Angaben, ob andere Stellen ___

(Sozialamt, Jugendamt o. Ä.) bereits unterrichtet ____

wurden] _____

Schulleiter/in, Unterschrift:

_____

Wenn nichts geklappt hat

Sollten alle in diesem Buch beschriebenen Maßnahmen bereits ohne Erfolg durchgeführt worden sein oder versprechen sie von vornherein keine Besserung, so gibt es noch folgende Ideen zu bedenken:

- **Psychotherapie.** Möglicherweise leidet der/die Jugendliche doch an einer psychischen Störung oder ist durch persönliche oder häusliche Traumatisierungen oder Schwierigkeiten derartig belastet, dass er oder sie sich in dem Moment nicht auf einen regelmäßigen Schulbesuch einlassen kann. In diesen Fällen (zum Beispiel: Tod eines Elternteils, schwere Erkrankungen innerhalb der Familie, häufige Umzüge, Partnerwechsel eines Elternteils, Essstörungen, suizidale Krisen des Jugendlichen) ist es notwendig, die Möglichkeiten einer ambulanten oder sogar stationären Psychotherapie in Betracht zu ziehen. Die Abklärung kann durch niedergelassene Kinder- und Jugendlichenpsychiater erfolgen.

- **Wohngruppe.** Sind die häuslichen Verhältnisse für den regelmäßigen Schulbesuch hinderlich, so ist der Umzug des Jugendlichen in eine betreute Wohngruppe zu überlegen, sofern dies Besserung verspricht (Beispiel: Eltern sind aufgrund schwerer Krankheit nicht in der Lage, einen geregelten Tagesablauf zu strukturieren, der Jugendliche ist mit den Aufgaben innerhalb der Familie deutlich überfordert).

- **Internat.** Die Unterbringung des Schülers in einem Internat ist dann sinnvoll, wenn die Kosten von den Eltern getragen werden können. Eine Internatsbeschulung hat den Vorteil, dass das Streitthema Schule zwischen Eltern und Kind wegfällt, dass der Schulbesuch dort vor Ort geregelt wird, dass der Schüler aus der gewohnten Umgebung herauskommt und die Chance erhält, neu zu starten.

- **Schulwechsel.** Wird der Jugendliche an seiner Schule massiv von Mitschülern bedroht und haben auch Gespräche der Lehrkräfte mit den Jugendlichen und deren Eltern zu keinerlei Besserung geführt, so kann ein Schulwechsel entweder an eine andere Schule der gleichen Schulform oder auch an eine Schule mit niedrigeren oder höheren Anforderungen sinnvoll sein.

- **Werk-Statt-Schule; Jugendwerkstatt.** Alternative Angebote für Jugendliche ohne Schulabschluss sollten Sie in Ihrer Stadt erfragen. Sie eignen sich für diejenigen Jugendlichen, die freiwillig bereit sind, auf einem neuen Weg zum Schulabschluss zu kommen, und Lernbereitschaft signalisieren. Ferner ist ein bestimmtes Mindestalter erforderlich.

4 Aus der Praxis

Integrierte Gesamtschule

An einer Integrierten Gesamtschule in Hannover (www.igsvs.de) wurden in einer Klausurtagung Ideen für Maßnahmen gesammelt, was Lehrkräfte tun könnten, wenn Schüler im Unterricht unentschuldigt fehlen. Dies geschah deshalb, weil in konkreten Einzelfällen, in denen Schüler dem Unterricht ferngeblieben waren, im Lehrerkollegium eine starke Unsicherheit geherrscht hatte, wie vorzugehen sei, und auch sehr unterschiedliche Vorgehensweisen praktiziert wurden. Dem Beratungsteam (Sonderpädagogin, Sozialpädagoginnen, Präventionsfachkraft, Beratungslehrerin, Schulpsychologin) war dies aufgefallen und in Absprache mit der Schulleitung wurde die Aufgabe übernommen, einen Leitfaden für Lehrkräfte speziell zur Schulvermeidung zu entwickeln. Es wurde der in diesem Buch beschriebene Verfahrensmodus vereinbart und mehrfach mit großem Erfolg praktiziert.

Projekt für schulmüde Jugendliche

In diesem Abschnitt soll ein Projekt vorgestellt werden, in dem so genannte „schulmüde Jugendliche" die Möglichkeit haben, ihre Schulpflicht zu erfüllen und gleichzeitig an einem Wiedereinstieg ins Schulsystem zu arbeiten: die Station „Glashütte" in Hannover, getragen von der Arbeiterwohlfahrt.

Es handelt sich bei diesem Angebot um eine Gruppe von maximal acht Schülern der Jahrgänge 7 bis 9, die für höchstens ein Jahr in dieser Maßnahme bleiben können. Sie können aus dem ganzen Stadtgebiet gemeldet werden. Meist sind es Schülerinnen und Schüler der Hauptschule. Es werden in dem Projekt keine Schulabschlüsse vergeben. Die versäumte Schulzeit muss vollständig nachgeholt werden. Es bietet aber die Möglichkeit einer Auszeit für die Schüler, die sich neu orientieren wollen, um danach einen für sie sinnvollen Weg einschlagen zu können. Das Angebot selbst besteht aus den Unterrichtsfächern Werken, Mathematik, Deutsch und EDV. An jedem Schultag findet ein gemeinsames Frühstück statt. Freitags wird mittags gemeinsam gekocht. Zusätzlich zum Unterricht finden Gespräche zwischen den Mitarbeitern und Mitarbeiterinnen des Projekts (eine Ergotherapeutin und drei Sozialpädagogen) und den Jugendlichen bzw. auch deren Eltern statt.

Aufnahmeverfahren

Hat eine Schülerin oder ein Schüler Interesse an diesem Projekt, so findet zunächst ein Informationsgespräch statt, bei dem die Rahmenbedingungen und das Angebot erläutert werden. Danach kann der Jugendliche eine Probezeit von 14 Tagen absolvieren. Können beide Seiten sich eine Zusammenarbeit vorstellen, so wird ein Projektvertrag durch Teilnehmer, Projektmitarbeiter, Erziehungsberechtigte und Klassenlehrerin unterzeichnet, in dem der Jugendliche sich verpflichtet,

- regelmäßig am Unterricht teilzunehmen,
- sich bei Abwesenheit bis 10 Uhr desselben Tages abzumelden,
- bei Krankheiten, die länger als zwei Tage dauern, eine Arbeitsunfähigkeitsbescheinigung vom Arzt beizubringen und
- weitere Abwesenheiten ebenfalls durch Bescheinigungen zu entschuldigen.

Kündigungsgründe sind

- mehr als zehn unentschuldigte Fehltage,
- Gewalt und
- Drogenkonsum.

Mit Beginn des Projekts für den Jugendlichen wird ein individueller Förderplan erstellt. Es werden auch Praktika angeregt, damit die Jugendlichen in ihrer Berufsorientierung sicherer werden. Durch den Besuch der Station Glashütte soll gelernt werden, die Schule nicht mehr zu verweigern, soziale Kompetenzen zu entwickeln sowie sich beruflich zu orientieren.

Am Beispiel der ergotherapeutischen Arbeit mit Holz soll die Arbeitsweise der Station Glashütte deutlich werden. Jeden Tag findet mindestens eine Stunde Werken statt. Dabei haben die Schülerinnen und Schüler die Möglichkeit, sich auch selbst zu überlegen, was sie herstellen wollen. In der Arbeit mit dem Material Holz wird der Prozess, in dem eigene Interessen realisiert werden, deutlich. Zunächst muss der Jugendliche sich ein Ziel überlegen, Material beschaffen, kontinuierlich an dem Gegenstand weiterarbeiten, bis er schließlich fertig ist. Auch „Durststrecken" und Misserfolge müssen durchlebt und durchgearbeitet werden. Die entstehenden Gefühle werden mit der Therapeutin thematisiert. Erfolge und konkrete Arbeitsergebnisse sind auf diese Weise deutlicher sichtbar, als die Schüler es aus ihrem Unterricht gewohnt sind.

Warum schaffen es die Jugendlichen, hier regelmäßig anwesend zu sein? Im Gegensatz zur Schule werden sie sehr engmaschig betreut. Fehlt jemand, so wird er innerhalb von einer halben Stunde angerufen oder die Eltern werden verständigt. Diese sofortige Kontrolle ist ein wichtiger Faktor, der den Jugendlichen das Gefühl gibt, wirklich wichtig genommen zu werden. Außerdem trägt sicher auch die Gruppengröße von maximal acht Personen dazu bei, dass der Einzelne jeweils in der Gruppe wahrgenommen wird.

Von den Betreuern wurden weiterhin die Anfangszeit von 9 Uhr, die stark individualisierende Unterrichtsform mit individuellen Förderplänen für jeden Einzelnen sowie das insgesamt ansprechendere Angebot des Unterrichts genannt.

Nach Abschluss der Zeit in der Station Glashütte schaffen 60 Prozent der Jugendlichen den Wiedereinstieg in die Schule.

Präventionskonzept einer Sonderschule

Die wesentlichen Bausteine des Präventionsprogramms einer Sonderschule sind im vorliegenden Text eingearbeitet (SCHMIDT-KOB 2003). Es wurden Maßnahmen auf ganz verschiedenen Ebenen durchgeführt: innerhalb des Kollegiums, auf der Ebene des Förderkonzepts, im Bereich des Unterrichts, des Freizeitangebots, in der Berufsvorbereitung, in der Zusammenarbeit mit den Eltern, auf der kommunalen Ebene (Zusammenarbeit mit Polizei, Sparkasse, Beratungsstellen, Jugendamt, Ordnungsamt, Spielwarengeschäften). Außerdem wurde ein zusätzlicher Schulsozialpädagoge beantragt.

Nach zirka zwei Jahren sind die Zahlen für Schulverweigerung um ein Drittel zurückgegangen. Der Kontakt zu den anderen Institutionen am Ort wurde deutlich verbessert, dem Schulbesuch wird wesentlich mehr Wertschätzung entgegengebracht. Die Lehrkräfte der Schule sind in ihrem Selbstverständnis gestärkt und können gelassen bleiben bei der Forderung, als Pädagogen dürften sie niemanden aufgeben.

 TIPP: Weitere Projekte für Schulverweigerer sind ausführlich im Internet dokumentiert, vgl. Link auf der CD-ROM.

Literatur

ALVAREZ/HÄRING (im Druck): Erfolgreiche Zusammenarbeit zwischen Schulen und Jugendamt.

DAMBACH, K. E. (1998): Mobbing in der Schulklasse. München: Ernst Reinhardt Verlag

EHMANN, CHR./RADEMACKER, H. (2003): Schulversäumnisse und sozialer Ausschluss. Bielefeld: Bertelsmann

FALLER, K./KERNTKE, W./WACKMANN, M. (1996): Konflikte selber lösen. Ein Trainingshandbuch für Mediation und Konfliktmanagement in Schule und Jugendarbeit. Mülheim: Verlag an der Ruhr

GORDON, TH. (1995): Lehrer-Schüler-Konferenz. München: Heyne

HÄRING, H.G. (1999): Schulschwänzen – Schulangst – Schulphobie. In: N. GREWE/H. WICHTERICH (Hrsg.): Beratungslehrer in der Praxis. Neuwied: Luchterhand, S. 132–141

HÄRING, H.G. (2001): Schulvermeidendes Verhalten bei Schülerinnen und Schülern. In: H.G. HÄRING/W. KOWALCZYK (Hrsg.): Schulpsychologie konkret. Einführung in Handlungsfelder und Methoden. Neuwied: Luchterhand, S. 112–120

HÄRING, H.G. (2001): Schulvermeidendes Verhalten bei Kindern. In: G.W. LAUTH/U.B. BRACK/F. LINDERKAMP (Hrsg.): Verhaltenstherapie mit Kindern und Jugendlichen. Weinheim: Beltz PVU

HÄRING, H.G./KOWALCZYK, W. (2001): Kennzeichen schulpsychologischer Arbeit. In: H.G. HÄRING/W. KOWALCZYK (Hrsg.): Schulpsychologie konkret. Einführung in Handlungsfelder und Methoden. Neuwied: Luchterhand, S. 30–37

HÄRING, H.G./KOWALCZYK, W. (2002): Das fängt ja gut an. Lichtenau: AOL, S. 51–52

HAUBNER, W./UHLE, R. (2003): Schulverweigerung. Maßnahmen und Handlungserfordernisse beim Zusammenspiel von Psychotherapie und Schulberatung. Verhaltenstherapie und psychosoziale Praxis, 35 (3), S. 567–580

HENNIG, C./EHINGER, W. (1999): Das Elterngespräch in der Schule. Von der Konfrontation zur Kooperation. Donauwörth: Auer Verlag

HUMMEL, C./PAPADOPULU, F. (2004): Keine Toleranz bei Gewalt! In der Reihe: W. KOWALCZYK/K. OTTICH: Erziehen – Handlungsrezepte für den Schulalltag in der Sekundarstufe. Berlin: Cornelsen Scriptor

JEFFREYS, K./NOACK, U. (1998): Streiten, Vermitteln, Lösen: Das Schüler-Streit-Schlichter-Programm. Lichtenau: AOL

KOWALCZYK, W.: Schlechte Nachrichten? – So sprechen Sie mit den Eltern! In: KOWALCZYK, W. (Hrsg.): Konkrete Handlungsanleitungen für erfolgreiche Beratungsarbeit mit Schülern, Eltern und Lehrern. Wie Sie im Schulbereich beraten, fördern und Probleme lösen. Kissing: WEKA (Lose-Blatt-sammlung, Grundwerk, Kap. 9/2.1) 1998

KÜBLER-ROSS, E. (1977): Interviews mit Sterbenden. Stuttgart: Kreuz

LEHMKUHL, G./FLECHTNER, H./LEHMKUHL, U. (2003): Schulverweigerung: Klassifikation, Entwicklungspathologie, Prognose und therapeutische Ansätze. Praxis der Kinderpsychologie und Kinderpsychiatrie, 52, S. 371–786

LOCHOW, L./PFISTER, K. (2003): Begabung und Schulverweigerung. Wenn hoch Begabte nicht mehr zur Schule wollen. CJD Institut für Hochbegabtenförderung.

NAPIER/WHITAKER (1982): Die Bergers. Beispiel einer erfolgreichen Familientherapie. Reinbek: Rowohlt. 11. Auflage 2001

PETZOLD, H. (Hrsg.): Widerstand. Ein strittiges Konzept in der Psychotherapie. Paderborn: Junfermann 1981

PLASSE, G. (2002): Konfrontierendes Arbeiten. In: KOWALCZYK, WALTER (Hrsg.), Konkrete Handlungsanleitungen für erfolgreiche Beratungsarbeit mit Schülern, Eltern und Lehrern. Kapitel 4/3.6, S. 1–10. Kissing: WEKA, Ergänzungslieferung November 2002

SATIR, V. (1990): Kommunikation, Selbstwert, Kongruenz. Paderborn: Junfermann

SCHMIDT, K.-J. (1986): Mein Kind ist behindert. Heidelberg: Edition Schindele

SCHMIDT-KOB, A. (2003): Schulverweigerung. Ein Arbeitskreis entwickelt präventive Maßnahmen. Schulmanagement, 1, S. 31–32

SCHNEIDER, S./FLORIN, I./FLIEGENBAUM, W. (1999): Phobien: In: H.-C. STEINHAUSEN/M. VON ASTER (Hrsg.): Verhaltenstherapie und Verhaltensmedizin von Kindern und Jugendlichen. Weinheim: PVU, S. 215–242.

SCHULZ VON THUN, F. (1981): Miteinander reden 1: Störungen und Klärungen. Allgemeine Psychologie der Kommunikation. Reinbek: Rowohlt

SCHULZ VON THUN, F. (1989): Miteinander reden 2: Stile, Werte und Persönlichkeitsentwicklung. Differentielle Psychologie der Kommunikation. Reinbek: Rowohlt

SCHULZ VON THUN, F./RUPPEL, J./STRATMANN, R. (2001): Miteinander reden: Kommunikationspsychologie für Führungskräfte. Reinbek: Rowohlt

SELVINI-PALAZZOLI, M./CIRILLO, S./D`ETTORE, L./GARBELLINI, M./GHEZZI, D. ET AL. (1978): Der entzauberte Magier. Zur paradoxen Situation des Schulpsychologen. Stuttgart: Klett-Cotta

TEMME, K. (2002): Qualitätsmanagement in der Schule. Hannover: Schroedel

WEISS, TH./HAERTEL-WEISS, G. (1991): Familientherapie ohne Familie. Kurztherapie mit Einzelpatienten. München: Piper

WILMERS, N./ENZMANN, D./SCHÄFER, D. (2002): Jugendliche in Deutschland zur Jahrtausendwende: Gefährlich oder gefährdet? Ergebnisse der KFN-Schülerbefragung. Baden-Baden

WILMERS, N./GREVE, W. (2002): Schwänzen als Problem. Report Psychologie, 7, S. 404–413

YALOM, I. D. (1999): Die Liebe und ihr Henker und andere Geschichten aus der Psychotherapie. Btb Goldmann

Zusätzlich zur aufgeführten Literatur empfiehlt es sich, den Reader der Bezirksregierung Braunschweig (vgl. Links auf der CD-ROM) einzusehen, auf dem aktuelle Informationen zum Schulabsentismus mit konkreten Handlungsvorschlägen verschiedener Institutionen zu finden sind.

Stichwortverzeichnis

Die Schule zukunftsfähig machen